中国旅游发展年度报告书系
Annual Development Report of China's Tourism

中国旅游集团发展报告2017
—— 内容创造与生活引领

ANNUAL REPORT OF CHINA TOURISM GROUPS DEVELOPMENT
2017

中国旅游研究院

北京·旅游教育出版社

《中国旅游集团发展报告 2017》
编委会

主任委员

戴　斌

编　　委（按姓氏音序排序）

戴　斌　何琼峰　蒋依依　李仲广　马仪亮
宋子千　唐晓云　吴丰林　吴　普　杨宏浩

《中国旅游集团发展报告 2017》
编写组

主　　编：戴　斌
执行主编：吴丽云
编 写 组：李仲广　杨宏浩　吴丽云　侯晓丽　战冬梅　何琼峰
　　　　　苏　娜　张　杨　李　秀　王多槐　张燕雪　何　珊

目 录
CONTENTS

在 2017 中国旅游发展论坛上的讲话 ……………………………… 杜 江 1
创造美好生活，引领品质旅游 ……………………………………… 戴 斌 3

第一编　2017 年中国旅游集团发展报告

第一章　为什么需要内容创造 …………………………………………… 10
　一、满足人民日益增长的消费需求已上升到国家战略层面 …………… 10
　二、人口红利逐渐消失压缩旅游企业发展空间 ………………………… 13
　三、消费市场变化催动旅游内容创新 …………………………………… 15

第二章　内容是什么 ……………………………………………………… 18
　一、内容是生活 …………………………………………………………… 18
　二、内容是时尚 …………………………………………………………… 20
　三、内容是未来 …………………………………………………………… 21
　四、内容是创意 …………………………………………………………… 22

第三章　内容创造是新时期旅游企业创新的重要方向 ………………… 23
　一、旅游行业的发展变革 ………………………………………………… 23
　二、旅游企业的创新发展 ………………………………………………… 35

第四章　面向生活的旅游内容创造 ……………………………………… 39
　一、需求引导下的内容创造 ……………………………………………… 39
　二、供给侧改革下的内容创造 …………………………………………… 46
　三、技术支撑下的内容创造 ……………………………………………… 49

第五章　以生活与创新引领旅游内容创造 ……………………………… 51
　一、政府：营造内容创造的良好氛围 …………………………………… 51

二、企业：从技术、平台驱动转向市场驱动……………………………52
　　三、社会各界：积极服务企业的内容创新实践……………………………53

第二编　2017年中国旅游发展论坛实录

圆桌论坛一　内容创造引领品质生活……………………………………56
圆桌研讨二　住宿业与内容创新…………………………………………64

第三编　2017年中国旅游发展论坛专文

2017中国旅游行业发展的回顾与展望……………………段　强　70
打造自主IP特色的海洋主题公园…………………………王旭光　76
HiApp平台——面向未来的服务……………………………柯生灿　81
新国旅，新使命………………………………………………于宁宁　84
"芳草地"的创新与实践………………………………………陈妙强　87
民宿业的工具创新……………………………………韩凯州　毛贻娜　91
旅游目的地的实践和探索……………………………………陆晓亮　95

在 2017 中国旅游发展论坛上的讲话

文化和旅游部党组成员　　杜　江

各位代表：

大家上午好！

很高兴与大家相聚在苏州，共同出席由中国旅游研究院和中国旅游协会主办的第九届中国旅游发展论坛，一起研讨国际化背景下的内容创造与生活引领这一年度论坛主题。

2017 年，我们站在"大众旅游新时代"和"全域旅游新方位"上，在党中央、国务院指引下，按照"十三五"规划的总体部署，统筹了改革、发展和创新的各项工作，特别是供给侧结构性改革，调动了旅游发展各个方面的积极性、主动性和创造性，完成了年初的各项任务，取得了较理想的成绩。

在旅游市场方面，入境旅游市场是一大亮点，特别是外国人入境旅游市场，进入了全面恢复增长的新通道。外国人入境旅游增幅最高时达到 9.8%，预计今年也会呈现正的增长态势。出境旅游市场正在回归理性增长，出境游客的文明程度在不断地提高，旅游促进文明、提高国民素质的发展导向更加明显。国内旅游市场持续保持高速增长的态势，特别是今年的中秋、国庆假期，全国共接待游客 7 亿多人次，实现旅游收入 5836 亿元，与去年相比分别增长了 11.9% 和 13.9%。这引起了党中央、国务院、国际国内、社会各界的高度关注，也意味着旅游的影响力已经溢出了经济的范畴，已经成为人民对美好生活需要的重要组成部分，正在对社会发展、民生福祉的各个方面产生更加重要的影响。

从全年旅游产业的角度来说，产业绩效稳步提升，旅游市场主体建设成就明显，旅游供给侧结构性改革成效突出。其中最大亮点之一是国内旅游企业开始对 IP 价值和内容创新的空前重视，内容创造正在成为旅游企业差异化和竞争力的主要源头之一。主题公园、旅游小镇、历史文化街区、主题酒店、精品民宿、在线旅游以及旅游商品文创等文化旅游业态正在兴起一股内容创新的风潮。

旅游演艺、主题公园、文旅地产以及旅游文创商品等产业融合,都是以内容创造为核心,提供高品质产品,引领大众生活新方向。

各位代表,

中国经济发展的进程正在经历从中国制造到中国服务,再到中国创造的转变。旅游业虽然归为服务业,但越来越多的创造性工作将成为未来旅游业成长的源泉。内容创造已经提上旅游创新的重要议程,必将引领中国旅游业创新发展的新征程。我们的旅游企业非常善于向国际同行学习,我们已经走过了从模仿到部分创新的道路,目前正在开启自主创新之路,未来内容创造必将成为我们自主创新的核心要素,成为我们建设世界旅游强国的利器。

在接下来的论坛上,希望与代表对国际化背景下的旅游内容创造进行深入探讨,开展多层面、多方位的合作。

最后,祝论坛圆满成功!

创造美好生活，引领品质旅游

——在第九届中国旅游产业发展论坛上的主旨演讲

中国旅游研究院院长　戴　斌

同志们，朋友们：

在习近平新时代中国特色社会主义思想的指导下，我们要重点研究社会基本矛盾，即人民对美好生活的追求与发展不平衡不充分之间的矛盾在旅游领域中的具体体现，在不断满足人民对美好生活的历史进程中发展旅游产业，壮大旅游市场主体。也只有主动对接和积极参与这个伟大进程，旅游市场主体才能由小到大，由大到强，由本土而世界，走出一条有中国特色的旅游集团成长道路。

回顾改革开放以来旅游产业发展波澜壮阔的历史进程。前二十年主要是围绕入境市场建设基础设施、公共服务产品要素，主要是由政府主导，强调顶层设计，行政主体事实上走在了市场主体和消费主体的前面。1999年以后，随着国内旅游和出境旅游的兴起，中国进入了大众旅游新时代和全域旅游新方位。尽管一批旅游集团成长起来了，旅游也成为大众创业和万众创新最为活跃的领域，尽管旅游法、行政法规和文件密集出台，行政主体持续发声，但是总体而言还是消费主体在主导过去十八年的旅游创新发展进程。

今天，是我们以旅游商业共同体的名义，推进市场主体建设，推进旅游集团在国家旅业创新发展的进程中发挥更大作用的时候了。旅游市场主体，特别是旅游集团是满足人民美好旅游生活需要，特别是品质旅游的主力军。生活是日常的，也是实在的，无论我们如何强调旅游的重要性，如何提升旅游在国民经济和社会民生发展体系中的重要性，总是需要具体的业态、项目、产品和服务去满足，或者说提供有效市场供给的，而最有效的供给一定是商业环境完善和市场主体竞争的结果。总体来看，政府主导旅游资源整合、大项目建设和大力度的招商引资是有成功的先例，但是也要看到很多地方的大规划、大项目和大投资并没有带来想象中的大回报，甚至可以说是失败的。究其根本原因，是没有培育与旅游市场基本面相适应的，有商业活力和竞争力的市场主体。

同志们，朋友们，

旅游市场主体，特别是旅游集团的一切创新发展都必须着眼于人民对美好生活的需要。全球化视野也好，国际化成长也罢，中国的旅游企业都必须首先满足国民大众的本土需求，这是责任所系，也是发展基础。微观层面的、局部的、战术性创新可以是针对细分市场的纯粹商业行为，但是宏观层面的、全局的、战略性创新必须是面向市场基本面的产业协同。什么是国家旅业的市场基本面呢？就是大众旅游的初级阶段。一方面要看到旅游、旅行和休闲已经从少数人享受的奢侈品扩展为国民大众的日常选项，并持续保持两位数以上的高速增长。去年的国民出游率已经到3.4次，国内和出境旅游市场规模分别达到44.4亿人次和1.22亿人次。今年的国庆中秋长假旅游接待人次超过7亿，同比增长11.39%。另一方面也要看到数量庞大的市场规模和增长速度主要是归因于人口红利，特别是城镇居民旅游频次的提升。2016年，全国城镇居民出游31.95亿人次，人均出游4人次。相对而言，广大农村居民和城镇低收入群体的旅游权利还没有得到充分实现。2016年全国农村居民出游12.4亿人次，人均出游仅为2.1人次，每年能有一次真正意义上的观光旅游仍然是他们可望而不可即的梦想，更不用说出境旅游了。

我们再来看消费水平和微观层面的市场特征。2016年，全国城镇居民人均旅游消费1007.8元，农村居民人均旅游消费572.6元。这些有限的预算还要分摊到交通、住宿、餐饮、景区门票、娱乐、购物、通信等消费项目中去，就更少了。再从出游半径和人均停留时间等指标上看，同样具有明显的初级阶段特征。现阶段，我们需要迪士尼、环球影城，需要四季、威斯汀、诺金、J为代表的奢华高端酒店，需要世界自然文化遗产为代表的高等级景区，也需要古北水镇、欢乐谷、华强方特、长隆野生动物园、海昌海洋公园这样的环城游憩空间，东方新天地、蓝色港湾、田子坊、岭南五号、正佳广场这样的都市休闲场景，更需要途家网、久栖民宿这样的非标准住宿品牌。只有通过商业创新让不同消费层级的游客拥有更多的选项，只有经由技术进步让更多老百姓有能力享受有品质的服务，才能保障旅游市场空间不断扩展。从这个意义上说，任何过于强调高端市场和个性化服务，过于强调对标世界一流企业的战略设计，对于旅游集团的成长而言都是不切实际的，在商业实践中也是行不通的。

同志们，朋友们，

旅游市场主体，特别是旅游集团有责任，也有能力通过内容创造和品质服务，不断满足现在的需求，不断创造未来的需求，以时尚引领旅游和社会生活的未来。在立足市场基本面的同时，我们也要看到所面临的还是发展不平衡不充分的市场。面对局部、细分和小众的市场需求，旅游集团不去满足，竞争对手或者其他行业就会去满足。改革开放刚开始的十几年，旅游和酒店曾经是美好生活和社会风尚的引领者，那是因为国际和港澳台入境旅游者、国内休闲旅游者的消费场景代表了人们要追求的物质和文化生活需要。回过头去看，那个时代的旅行社和酒店业者头上的光环更多来自社会群体对于游客想象的心理投射，而非旅游业界商业文明演化和生产力水平提升的结果。大众旅游兴起以后，曾经给过市场主体一次又一次产业进步和价值重构的机会，可惜我们没能够十分有效地把握住。值此大众旅游新时代和全域旅游新方位，机会仍然存在。如果还是继续盯着传统的自然和历史文化资源，走圈山圈水收门票、观光购物拿回扣、平台渠道价格战的老路，那么旅游业引领小康社会新时代的梦想终究仍然是梦想。

把握新时代旅游市场特征，挖掘新潜力，创造新需求。在人们旅行经验越来越丰富，市场越来越细分的今天，我们不仅可以通过空间的转换，还可以通过时间的转换，培育旅游新需求。自从提出大众旅游"暑期档"的概念以来，中国旅游研究院和国家气象局公共气象服务中心联合课题组五年多的努力，推动了避暑旅游成为新兴消费需求，一个3000亿元的市场空间正在集聚。这个市场已经引起了地方政府的高度关注，并形成了长春、贵阳、安顺、昆明等一批最佳避暑旅游城市，哈尔滨、太原、中卫等最具潜力的避暑旅游城市，贵州、吉林等地则在省级行政区层面上建设避暑目的地建设的新形象。今后一个时期，避暑旅游将为需要市场主体提供多样化和多层次的旅行、住宿、餐饮、娱乐服务，也将带动旅游服装、康养、房地产等业态融合发展与产品创新。随着2022年北京冬奥会的来临，与冰雪休闲和冬季旅游相关的市场也正在从想象中走向现实。我们还可以依托都市休闲空间开发更多的夜间资源，比如布丁酒店在做的都市夜游项目。随着更多的新需求被发现、培育和创造出来，新时代旅游市场主体的成长空间将会空前壮大。

面向国民大众对美好生活的新需要，以主客共享的发展理念，创造新文化，培育新内容。毋庸置疑，观光仍然是大众旅游时代的基本需求，但是也要注意越来越多的游客愿意深度体验和分享特定目的地的生活方式。对欧美发达国家文化旅游的考察与思考，让我对迪士尼、环球影城、海洋世界、博物馆、科学馆、蜡像馆、音乐会、咖啡馆、书店以及各种节事活动品牌化建构过程有了更多本土视角的理解。就像苏州人会去茶馆听评弹、成都人聚在一起打麻将、大妈找块空地跳广场舞、年轻人找个摊子喝酒撸串，那些空间、场所和内容也是他们的日常生活方式。一旦成为日常生活的组成部分，自然就是高频消费，而知根知底的本地居民与本土商家的反复博弈，必然会促进内容的创新和品质的积淀。既然是日常生活，就不可能每天都是过年过节的，更不可能把日子过得一惊一乍像演戏。作为旅游人，我们要善于向游客传递目的地生活的幸福感，而不仅是差异性，并努力将品质生活产品化和项目化。现在旅游投资创新的一些做法和提法，我着实有些忧虑：不管区位优势和市场半径，动不动就几十亿、上百亿的旅游小镇、房车宿营、邮轮游艇，还有什么旅游金融、生态圈与闭环等，弄不好就会误人也误己。做企业，还是少些浮躁，多些实在的好。只有把外来游客的旅居需求和本地居民的日常休闲紧密联系起来，旅游集团的创新发展才会坚实市场的基础。

系统把握旅游发展环境的变化，应用新科技，注入新动力。日新月异的科技进步对旅游业的影响决不仅是产品层面，还可能重构新时代的产业环境和旅游市场主体的创新战略。上个月我们在澳大利亚的黄金海岸调研，有一个宋城集团投资数十亿元的实景演出项目，集团总部派过去的开发团队只有两个人。大量的市场调研、环境评价、项目规划和文化创意都是分包给外部的专业机构执行，而总部各条线与海外各专业团队的沟通、协调与决策则离不开对移动通信、互联网和人工智能（AI）的应用。由于社交网络广泛的广泛使用和共享办公理念的推广，越来越多的商业创新和项目的策划与执行是通过移动互联网平台实现的。在人们的印象中，改变旅游住宿商业模式的业态创新的Airbnb和途家，以及制造可回收火箭的Space X，一定是大集团、大投资和国家战略的结果。事实上，很多改变旧模式、创造新模式并且引领未来的商业形态，都是由小微型企业和专业兴趣团队做出的。现在旅游领域的创业创新总体上看还处于模仿赶超阶段，未来可能会进入像华为的任正非总裁所说的"无人区"阶段，就是说除了我们自己，前面已经没有可以学习和借鉴的对象了。怎么办？技术创新固然重要，但是对于企业家而言，一定要明白：技术之上是思想，尤其是商业思想。互联网和人工智能环境下长大的一代正在成为旅游创业创新的主力军，他们有思想、有技术、有事业心，也追求品质生活。如何适应新时代，最大限度地释放青年人的创新潜力，而不是一味地强调顶层设计和集团管控，已经成为摆在诸位面前的战略课题。如果回答不了后互联网时代的技术创新问题，就是今天的旅游集团二十强，也可能分分钟被咖啡馆里那些穿着polo衫的年轻人打败，甚至被淘汰也是完全有可能的。从这个意义上说，旅游集团二十强也好，五十强也罢，彼此之间并不是竞争关系，真正的竞争者或者说颠覆者是年轻人，是时代。

正确看待大数据的作用，允许并鼓励多元而自由的探索与实践。数据已经成为新时期国家旅业创新发展的战略资源，各级政府和各类企业为此投入了大量的人力资源与资金预算，但是总体上还处于大规模的数据采集和加工整理阶段，面向市场的数据生产和研发创新才刚刚起步。中国旅游研究院和国家旅游局数据中心愿意继续与中国电信、中国银联、携程、马蜂窝等相关企业合作，推进旅游大数据联合实验室的建设工作，不断优化研发支撑体系的底层器件。我想再次强调：数据是重要的，但是数据不是旅游创新的全部，引导企业可持续发展的还是企业家对变化的把握能力，以及对未来的思考能力。诺基亚曾经拥有全球最大的数据库，主要是公司花了大预算获得的第一手用户数据，那又怎么样，最后还不是被淘汰了！真正应了那句话，算得了开始，却算不了未来。真正的未来，一定是掌握在那些对生活充满热爱，并且在向任何可能的方向自由探索的企业家手中。

最后，请允许我代表中国旅游研究院、国家旅游局数据中心和中国旅游协会发布2017年中国旅游集团20强，他们是：携程旅游集团、中国旅游集团公司、海航旅业集团有限公司、腾邦集团有限公司、华侨城集团有限公司、同程网络科技股份有限公司、锦江国际（集团）有限公司、北京首都旅游集团有限责任公司、浙江省旅游集团有限责任公司、景域国际旅游运营集团、杭州市商贸旅游集团有限公司、南京金陵饭店集团有限公司、开元旅业集团有限公司、上海春秋国际旅行社（集团）有限公司、安徽省旅游集团有限责任公司、黄山旅游集团有限公司、大连海昌集团有限公司、广州岭南国际企业集团有限公司、福建省旅游发展集团有限责任公司、山东银座旅游集团有限公司、众信旅游集团股份有限公司、中青旅控股股份有限公司。

致敬，国家旅业第一方阵！

致敬，美好旅游生活的创造者！

# 第一编
2017年中国旅游集团发展报告

第一章　为什么需要内容创造

人民对美好生活的追求与发展不平衡不充分之间的矛盾在旅游领域中的具体体现为个性化、多元化的旅游需求与不够丰富的旅游供给之间的矛盾。当前旅游企业间竞争日趋激烈，企业发展空间不断压缩。无论是资本支持下的新项目，还是转型发展的传统企业，都面临在消费升级的新时代，如何用更加优质的内容、更有品质的产品、更加周到的服务来满足游客不断增长的新需求这一共同命题。

一、满足人民日益增长的消费需求已上升到国家战略层面

习近平总书记在党的十九大报告中指出，新时代我国社会主要矛盾是人民日益增长的美好生活需要和不平衡不充分的发展之间的矛盾，带领人民创造美好生活是党始终不渝的奋斗目标。旅游是人民对美好生活的向往之一，也是人民生活水平提高的重要指标之一。人民对美好生活的向往，是消费需求持续升级的动力，所以要推动供给端不断改革、创新，以更丰富的内容、产品和服务来满足市场需求。

2015年11月19日，国务院办公厅发布了《关于加快发展生活性服务业促进消费结构升级的指导意见》，提出要"着力解决供给、需求、质量方面存在的矛盾和问题，推动生活性服务业便利化、精细化、品质化的发展，推动生活消费方式由生存型、传统型、物质型向发展型、现代型、服务型转变""居民消费从注重量的满足向追求质的提升、从有形物质产品向更多服务消费、从模仿型排浪式消费向个性化多样化消费转变"。并提出"要以消费升级带动产业升级，以供给创新释放消费潜力"。2015年11月23日国务院办公厅又发布了《国务院关于积极发挥新消费引领作用，加快培育形成新供给新动力的指导意

见》，提出"我国已进入消费需求持续增长、消费结构加快升级、消费拉动经济作用明显增强的重要阶段。以传统消费提质升级、新兴消费蓬勃兴起为主要内容的新消费，及其催生的相关产业发展、科技创新、基础设施建设和公共服务等领域的新投资新供给，蕴藏着巨大发展潜力和空间"。并提出"消费是最终需求，积极顺应和把握消费升级大趋势，以消费升级引领产业升级，以制度创新、技术创新、产品创新满足并创造消费需求，有利于提高发展质量、增进民生福祉、推动经济结构优化升级、激活经济增长内生动力，实现持续健康高效协调发展"。2016年11月20日国务院办公厅发布了《关于进一步扩大旅游文化体育健康养老教育培训等领域消费的意见》，提出通过改革创新增加消费领域特别是服务消费领域的有效供给、补上短板，有利于改善民生，促进服务业发展和经济转型升级、培育经济发展新功能来促进旅游消费升级的加速。几个意见的密集出台，从国家层面提出积极适应居民消费升级的大潮，以消费升级倒推供给升级，优化供给结构，完善供给内容，增强有效供给。围绕居民生活消费的新内容的创造、新产品的设计生产、新服务的提供等成为供给改革的新方向。

表1-1 国家及地方出台的消费升级文件

序号	颁发部门	颁发时间	名称	主要内容
1	国务院办公厅	2015.11.19	关于加快发展生活性服务业促进消费结构升级的指导意见	要着力解决供给、需求、质量方面存在的突出矛盾和问题，推动生活性服务业便利化、精细化、品质化发展。推动生活消费方式由生存型、传统型、物质型向发展型、现代型、服务型转变。
2	国务院	2015.11.23	国务院关于积极发挥新消费引领作用 加快培育形成新供给新动力的指导意见	以传统消费提质升级、新兴消费蓬勃兴起为主要内容的新消费，指导和引领其催生的相关产业发展、科技创新、基础设施建设和公共服务等领域的新投资新供给，加快培育形成经济发展新供给新动力。
3	甘肃省人民政府	2016.3.7	甘肃省人民政府关于加快发展生活性服务业促进消费结构升级的实施意见	以居民和家庭服务、旅游服务、文化服务、体育服务、住宿餐饮服务等贴近人民群众生活、需求潜力大、带动作用强的生活性服务领域为重点，推动生活性服务业便利化、精细化、品质化发展，促进传统生活消费方式向现代型、服务型转变。

续表

序号	颁发部门	颁发时间	名称	主要内容
4	辽宁省人民政府办公厅	2016.4.8	辽宁省人民政府办公厅关于加快发展生活性服务业促进消费结构升级的实施意见	重点发展贴近服务居民生活、需求潜力大、带动作用强的生活性服务领域，推动生活消费方式由生存型、传统型、物质型向发展型、现代型、服务型转变，促进生活性服务业各行业稳步发展，带动全省居民消费结构升级。
5	发改委等	2016.4.15	关于进一步满足居民旅游休闲消费升级需求	在旅游领域中强调为满足居民旅游休闲消费升级需求，切实落实职工带薪休假、加快建设自驾车房车营地建设、培育新兴旅游消费热点等政策的同时，要着力增加个性化、多样化旅游产品供给。
6	吉林省政府	2016.5.12	吉林省人民政府关于积极发挥新消费引领作用加快培育形成新供给新动力的实施意见	推进供给侧结构性改革，打好服务业攻坚战，引领新消费，培育新供给，形成新动力。结合吉林省实际，着力推动服务消费、信息消费、绿色消费、时尚消费、品质消费、农村消费等新消费蓬勃发展。
7	山东省人民政府办公厅	2016.9.19	山东省人民政府办公厅关于贯彻国办发进一步加快发展生活性服务业促进消费结构升级的实施意见	培育山东省生活性服务新业态、新模式，推动生活性服务业向精细化、高品质转变，提出了包括旅游（休闲）服务，餐饮住宿服务等在内的10项重点领域的消费升级工作任务。
8	国务院办公厅	2016.11.20	国务院办公厅关于进一步扩大旅游文化体育健康养老教育培训等领域消费的意见	在本文件中，关于加速升级旅游消费给出了指导意见。以改革创新增加消费领域特别是服务消费领域有效供给、补上短板，有利于改善民生、促进服务业发展和经济转型升级、培育经济发展新动能。
9	国务院	2017.8.24	国务院关于进一步扩大和升级信息消费持续释放内需潜力的指导意见	进一步扩大和升级信息消费、持续释放发展活力和内需潜力。着手解决信息消费有效供给仍然创新不足，释放内需潜力，优化消费环境。
10	北京市政府	2017.6.24	北京市政府关于培育扩大服务消费优化升级商品消费的实施意见	结合北京市的实际，着力培育扩大服务及旅游消费、优化升级商品消费，充分释放消费新活力，培育经济发展新动能。
11	广西壮族自治区人民政府	2017.6.27	消费品培育升级专项行动工作方案	以消费升级引领产业升级，推动广西一二三产业融合发展，扩大新兴消费、稳定传统消费、挖掘潜在消费，全面提升广西消费供给的规模、质量和水平；提出了包括旅游休闲升级等在内的14项工作任务。

二、人口红利逐渐消失压缩旅游企业发展空间

基于庞大的旅游消费基数和旺盛的旅游消费需求，中国旅游业在发展之初经历了一个快速的发展过程。从 1984 年到 2016 年，国内旅游人数从 2 亿人次增长到 44.4 亿人次（图 1-1），旅游消费需求持续释放，旅游企业在卖方市场下，分享了人口红利所带来的快速发展。1985 年，国内旅游收入只有 80 亿元，2016 年，国内旅游收入已达 3.94 万亿元（图 1-2），服务于国民大众旅游的住宿、出行、娱乐、购物等需求的旅游企业均获得快速发展。

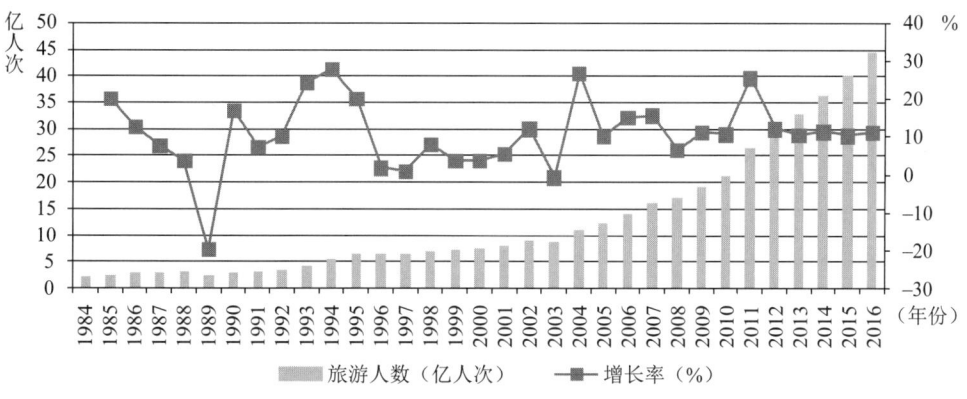

图 1-1　1984—2016 年国内旅游人数及增长率

资料来源：1984—2016 年中国旅游业统计公报

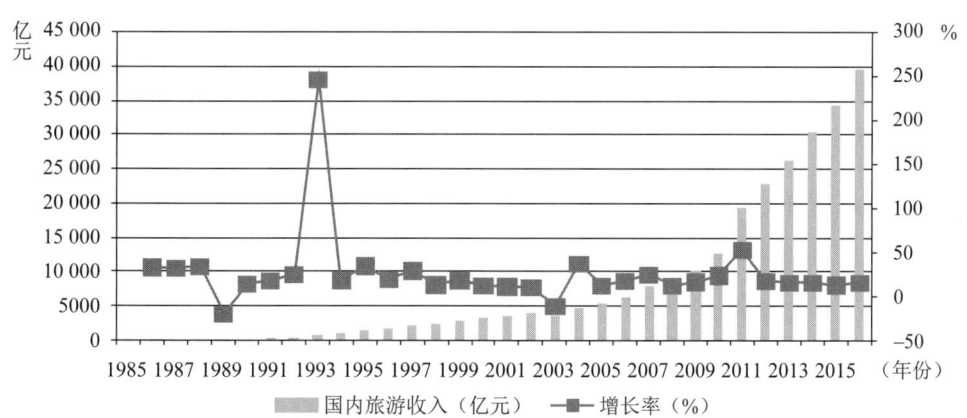

图 1-2　1985—2016 年国内旅游收入及增长率

资料来源：1985—2016 年中国旅游业统计公报

与此同时，那些占有二老资源（老天爷、老祖宗）的旅游景区，在发展伊始就因资源的独特性和垄断性而轻易地取得了市场的成功，门票经济在很长一段时间内，成为传统景区发展的中心。随着人口红利的逐渐消失，持续增长的泛旅游吸引物数量、日益丰富的旅行经验和更加年轻的消费群体，使得传统景区的发展面临挑战，单一的观光性旅游产品已无法满足旅游者多元、个性化的消费诉求，部分传统景区经营状况出现下滑。2016 年，西藏旅游、桂林旅游、长白山、张家界等传统旅游景区的净利润均出现不同程度的下滑，而宋城演艺、海昌海洋公园等上市旅游景区则因业态更符合市场需求，而表现抢眼，增长明显。当前传统旅游景区发展正面临新消费时代的冲击，新内容、新产品、新营销正成为旅游景区发展的新方向。

从旅行服务业的角度看，早期的旅行社企业处于卖方市场，面临国民旅游经验不足和旅游需求爆发的现实机遇，不需要进行太多的产品、服务创新即可获得庞大的市场。在大众旅游蓬勃发展的今天，一方面，旅行社市场竞争日趋激烈，2015 年，全国旅行社共有 27 621 家，利润总额 21.88 亿元，同比减少 34.14%；另一方面，以携程为代表的 OTA 企业快速发展，利用线上渠道集聚游客，并通过价格补贴等行为把传统旅行社的客源变成自己的客源，同时通过线下布点建门店，不断蚕食传统旅行社的市场份额；同时，大众游客的散客出行已经成为常态化选择，近年来，国内游客散客化率基本维持在 96% 的水平，旅行社客源规模在缓慢缩减。市场竞争日趋激烈和大众旅游者出游方式的变化，使传统旅行社正面临新的挑战，依托企业核心资源进行服务和产品的创新已成为当前旅行社企业面临的共同问题。互联网、大数据等科技的广泛应用，推动了以携程为代表的在线旅游服务企业快速发展。通过搭建 B2C、B2B、C2C 等消费和交易平台，为消费者、产品供给者、批发商、零售商之间建起沟通桥梁，形成具有庞大市场基础的产品渠道，借助渠道流量快速打开旅行服务市场，并成为旅行服务市场的佼佼者。劲旅咨询的调查显示，2016 年我国度假市场（旅行社业务）的在线渗透率为 25.7%，较 2015 年增长 5.6%，在线旅游预订已占旅行预订 1/4 的份额。当前，线上用户获取成本趋高且增速减慢，流量红利逐渐衰减，OTA 企业同样面临以新的场景创新获取用户，以内容创新吸引用户的挑战。

从住宿业的角度看，日益多元的住宿体系在丰富了游客的住宿选择之余，也对传统的星级酒店形成冲击。星级酒店总体发展乏力，高星级酒店在八项规定出台后发展遇冷。2016年，全国9861家星级酒店利润总额为4.71亿元，平均到每家酒店利润仅为4.7万元，三、四星级酒店利润总额分别为-21.77亿元和-20.64亿元，均为负数。在民宿、非标住宿的冲击之下，星级酒店发展急需创新，寻找新的消费热点和新的利润增长点。经济型酒店经过前些年的高速发展后陷入瓶颈，在新消费时代，同样需要针对市场需求进行产品和服务的变革，以获取新发展机遇。以莫干山为代表的民宿和以途家为代表的在线短租，也面临竞争激烈后转型发展的挑战。

无论是从传统的酒店、旅行社、景区，还是新兴的非标住宿、OTA、泛景区体系，在消费升级的大潮和市场竞争日趋激烈的背景下，都急需寻找新的创新突破口，从资本端、渠道端回归内容端，以内容、产品和服务创新充实资本并购后的产业，满足渠道带来的消费需求，以新的价值创造引领企业的未来发展。

三、消费市场变化催动旅游内容创新

当前，旅游市场消费正经历变革，消费需求持续增长，消费结构不断升级，客观要求旅游供给方必须及时反应，加速内容、产品、服务的创新。同时，以年轻人为代表的新一代消费主体快速成长，他们的消费诉求、消费理念、消费偏好的变化推动新消费时代的到来，并倒逼旅游供给方的创新。旅游供给方要以更好的产品服务于不断变化和升级的市场需求。

（一）人民生活水平提高推动旅游消费升级

1985年，我国人均GDP只有858元，城镇居民人均可支配收入只有739元；2016年，我国人均GDP和城镇居民人均可支配收入分别达53 980元和33 616元（图1-3）。随着居民收入水平的持续提高，城乡居民的消费水平也随之提升，居民对消费内容、消费质量和消费环境提出了更高要求。从总的趋势看，我国居民的消费正从追求数量转向追求品质、从需求有形的物质产品向需求多样的服务消费、从模仿从众性消费向个性多样化消费转变。旅游消费是居民生活消费的一部分，并随居民消费的变化而同步升级，如从观光旅游向休闲、度假旅游转变、从追求热点景区向个性多元化旅游目的地转变、从到此一游到深度旅游转变，旅游消费全面升级。在传统的北京、上海、西安、黄山、丽江等传统旅游目的地之外，越来越多的旅游地凭借新的产品和内容成为旅游消费

者的新宠，小长假旅游流向虽仍相对集聚于热点地区，但"避热趋冷"正成为游客旅游目的地选择的新特征。旅游消费的变化，要求旅游目的地和旅游企业必须紧密围绕消费需求和趋势，进行具有一定超前性的投资，以新的内容、新的产品、新的服务提供给市场，才能最大限度地满足市场需求，优化产业结构，实现以消费需求升级引领旅游产业升级，推动旅游产业的良性、健康、可持续发展。

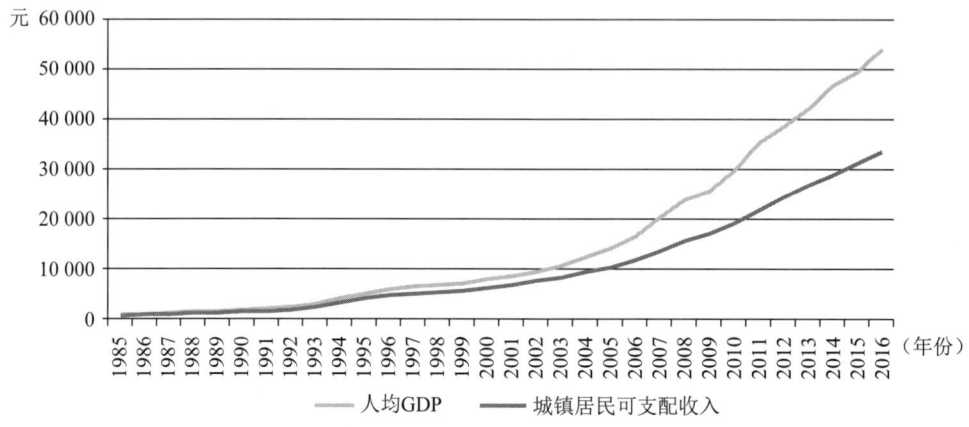

图1-3　1985—2016年全国人均GDP及城镇居民可支配收入

资料来源：1985—2016年国民经济和社会发展统计公报

（二）年轻人的消费变革推动融合和定制等旅游产品和服务的出现

以80后、90后和中产阶级为代表的新消费人群已成为市场消费的主体，并成为市场变化的主导力量。年轻人的生活方式正在发生变革，他们更关注健康和自我发展，更注重精神层面的消费，旅行、文化、体育、教育等以自我发展提升为表征的消费在生活消费中的地位不断提升。将个人爱好、自我发展与旅游相结合而产生的文化旅游、体育旅游、教育旅游等旅游业态快速发展。2016年，全国国内游客44.4亿人次，全国观影人次13.8亿，电音用户规模已经达到1.97亿，全国共举办马拉松及相关运动赛事328场，国内游学人数达260万人次。围绕观赛、参赛、大众体育运动而开发的体育旅游产品越来越受年轻人的偏爱。斯巴达跑、马拉松、滑雪等群众参与性体育活动以及与之相伴的体育旅游快速发展。嘻哈、电子、摇滚音乐成为年轻人的新宠，迷笛音乐节、INtro电子音乐节、草莓音乐节等以音乐为主题的旅游节庆活动为年轻人所喜爱。针对各层级学生的研学旅游和针对个人发展需要的文化主题旅游开始出现。

年轻群体对自我个性的彰显和自我发展的追求推动了定制旅游服务的发展。无论是无二之旅、6人游、游心旅行等以定制游为主要产品的新兴企业，还是鸿鹄逸游、奇迹旅行、耀悦等定制游品牌，服务于不同游客的个性化定制游开始蓬勃发展。

（三）消费理念变化要求更多更具品质的旅游新产品和服务的出现

随着80后、90后成为旅游市场消费的主体，旅游者的消费理念也随之发生了变化，从过去的炫耀性、从众性、低品质、浅层次消费向环保健康、个性化、时尚化、高品质、体验性消费转变。旅游消费正经历从购买千篇一律的大众化旅游产品和服务到购买个性彰显的多样化旅游产品和服务的变革。到此一游、热门景点、标志性景致等传统消费者所在意的大众消费热点已经为新消费群体所抛弃，更多小众的旅游目的地、旅游吸引物开始出现，并为新消费群体所热捧。消费者看重产品的形象价值、文化价值、品位价值和消费群属性价值，希望能够通过成为商品的拥有者、使用者来体现个人的自我价值和群体归属，获得满足感。人们开始逐渐告别人傻钱多追大牌时期，《华丽志》2017年的调查显示，55%的80后、90后更愿意尝试小众或新品牌，认为设计师品牌和轻奢品牌更时尚。95%的80后、90后对定制消费感兴趣。

消费理念的变化将改变旅游者的旅游消费诉求。旅游者正由旅游中的被动旁观向主动参与转变，更关注旅游活动中体验的深度和丰富度，更在意旅游内容的可体验、可参与程度及丰富度，更强调从旅游中收获快乐与成长。对优质品牌和高品质的旅游产品提出新的要求，并愿意为优质的产品和内容额外付费，旅游咨询师等服务于游客个性化旅游需求的职业开始出现，穷游网试水内容付费，是新消费时代旅游内容变革的积极探索。旅游消费的标签意义兴起，旅游消费者更在意不同消费产品所传递的信息，更喜欢集群的象征意义，更乐意与志同道合者一起体验不同旅游的乐趣。如斯巴达跑所代表的勇敢、坚强和时尚，自驾游所传递的自由、自在和洒脱，文化主题游所体现的专业、精到和深入，南北极游所透露的高端、独特和稀缺等，都带有鲜明的个性标签。

第二章 内容是什么

消费需求的升级推动旅游供给端的创新和变革。内容创造正成为当下旅游供给变革的重要方向。内容是源自生活的创新，是最 In 的时尚，是满足未来需求的产品，是持续不断的创新。

一、内容是生活

（一）主客共享的生活空间

散客化时代，旅游正从封闭的世界走向开放的体系，休闲度假和自助旅行成为主流，游客越来越深入到本地居民的日常休闲场所和公共生活空间，更愿意深度体验和共享特定目的地的生活方式。旅游目的地的内容创造包含了积极打造主客共享的生活空间，为来访游客提供更加便利、友善、周到、多元和高品质的旅游目的地产品和生活体验。

大众旅游时代，广大游客在旅游目的地深度体验过程中的日常获得感变得非常重要。这种日常获得感来自包括星级饭店、经济型饭店和民居客栈、短租在内的住宿设施的品质供给，包括公交、地铁、出租、汽车租赁在内的交通体系供给，包括咖啡店、特色名吃、火锅厅、早餐店在内的餐饮体系供给，还包括购物中心、超市、街角通宵营业的小便利店、药店在内的购物体系供给，包括电影院、小剧院、图书馆、街头集体舞在内的休闲体系供给，等等。这些即为主客共享的生活空间，本地人可以享受，外地游客也可以分享。这些旅游目的地的基础设施、公共服务、优质内容和产品，是满足游客在旅游目的地旅居体验的重要内容。

此外，旅游目的地生活中最美的风景是人，是生活在这片土地上的人民。在游客广泛融入目的地生活的散客化时代，真正能够打动人心的往往是那些普通人的梦想和寻常的温暖。穿梭在城市中的寻常百姓，才是一个地方的真正魅力所在。一个发自内心善待自己居民的地方，才可能真诚地款待异乡的到访者。寻常生活客自来，正是这些日常生活的点滴相助，让游客有了真实的感动，发自内心热爱这个地方，才能形成最有效的宣传口碑。打造主客共享的生活空间是旅游目的地创新的重要方向。

（二）传递幸福的生活理念

内容是目的地所传递出的幸福的生活理念，游客关注的是旅游目的地的有烟火气的生活，而不是各地宣传出来的高大上的城市形象。游客愿意为一个地方而作停留，更愿意体验和分享目的地完善的公共服务、商业环境和生活方式，也更容易为触手可及的幸福、温暖与包容而感动。大众旅游时代，越来越多的自助旅游者开始摒弃团队组织、固定线路、统一节奏并且与目的地居民的日常生活相脱离的传统旅游方式，而是更愿意自主把握行程节奏，喜欢的地方就多停留些时间，不喜欢的地方就少停留些时间。那些本地居民安居乐业，生活幸福的地方，才是游客愿意融入其中，并愿意较长期逗留的地方。旅游目的地要善于把握并向游客传递目的地生活的幸福感，而不仅仅是差异性，这样的旅游目的地才是更有活力、更可持续发展的。

（三）可触摸、可体验的产品

旅游目的地和旅游企业要努力将品质生活产品化和项目化，转化为可以让旅游消费者体验、触摸和感受的生活。传统旅游资源的挖掘固然重要，但体验式、生活型、创新性、主题式旅游产品的策划与深度开发更加重要。当且仅当旅游产品真正走入国民大众的日常生活，可记忆、可感受，更可以触摸时，游客才可能真正喜欢。游客到访某个目的地的动机可能是多种多样的，比如纯净的海水、壮观的瀑布、古老的王陵、独特的建筑、富有创意的宣传广告，甚至没有什么特别的动机，就是在惯常的生活环境中待烦了，于是就有了一场说走就走的旅行。游客发自内心地喜欢一个地方，愿意在朋友圈分享、推荐并愿意再次到访的，其理由往往是与它的生活环境密切相关。而目的地的生活方式、生活内容、民俗文化等也要通过引导和设计，以精心设计的产品、项目等形式，让游客可以更容易地融入旅游目的地的生活中，并且能有更为深刻的体验，这样的内容创造才是更为有效的。

二、内容是时尚

（一）对美的追求

内容是对一切美好事物的持续追求，包括对美的体验、美的环境、美的产品、美的服务等的不断创新和提升。对美好生活和事物的追求涉及旅游业的所有环节，也是当下旅游业不断提质升级的客观表现。如民宿业的发展，正从最初的满足基本乡间旅行需求的农家乐，转变为囊括美景、美境、美食、美物、美娱的大美宿。无论是对于住宿设施外部美好环境的选择，对设施外观和结构充满艺术美的打造，对设施内部摆设的高品质设计和美好氛围的营造，还是内部物件选择的高品质，以及配套的美食和美娱，民宿业的持续升级，都是基于对生活美的追求而持续创新的结果。美宿让热爱度假的人有了更丰富的选择，对于国内非标住宿以及旅游度假行业，更是一股巨大的推动力。浙江隐居集团的隐居系列酒店，松赞文旅集团的山居、林卡酒店品牌，都是美宿的重要代表。

（二）引领时尚的潮流

时尚是引领潮流的。内容创造要适应新的消费需求，创造出引领新的时尚、新的消费潮流的全新产品和服务。过去的旅游是看山看水看古迹，而以80后、90后、00后为主体的年轻消费者正抛弃走马观花式的旅游，他们更喜欢在一国一地多待些时间，充分体验异国他乡的生活，特别是那些既有传统文化底蕴，又有当代时尚感觉的生活内容。新的业态不断出现，他们将时尚理念引入生活和消费，使之成为潮流风向。书店这一传统场景，经由创意打造和时尚注入，成为充满艺术感、具有综合功能和时尚气息的新型生活方式书店，如诚品书店、言几又书店等，都将创意生活、阅读、艺术展示和社交等多种功能相融合，将刻板的书店转变为年青一代所热爱的新生活空间。而亚朵酒店、三里屯的CHAO酒店等住宿新业态，无疑也是时尚潮流住宿方式的引领者。

（三）更IN的态度

内容的创造，要传递出更时尚、更个性、更积极的态度，这样的态度更易于被新消费群体所认同和接受。以80后、90后以及00后为代表的新生代是消费领域最重要的群体，他们主导着消费趋势。新生代的快速成长正推动游客消费态度的改变，中国人海外出游疯狂采购大牌产品的境况正在发生改变，越来越多的年轻人会购买国内时尚设计师的品牌，他们的消费更加理性、更加时尚，也更加个性化。而共享住宿、特色民宿等业态也随着年轻人对环保、个性住宿方式的青睐而快速发展。代表持续努力、不断挑战自我、表达生活态度的斯巴达跑等体育旅游项目备受追捧。

三、内容是未来

（一）不断变迁的旅游吸引物

内容的创造，是要根据消费需求的变化，不断创造新的旅游吸引物。年轻人，尤其是90后、00后，他们的消费特点、生活需求、思维方式以及生于网络时代等特质，是决定旅游吸引物变迁的重要原因。

旅游吸引物正随着旅游消费主体的变化而变化。过去旅游业的发展主要依靠"二老资源"，即老天爷留下的山山水水等自然资源和老祖宗留下的建筑园林等人文资源，满足人们在旅游之初"走马观花"的初级旅游需求。旅游消费经验的丰富以及旅游消费主体人群的变化，使得旅游产业的内容创造必须以把握未来为创新方向，不断根据市场的变化创造出新的旅游业态、产品和服务。漫咖啡、帐篷客、言几又、不眠之夜、798艺术区等一批满足现代人休闲旅游需求的新业态广受市场欢迎，也因其创新的内容成为新旅游吸引物。在年轻游客的推动下，通过科技、文化创意的投入为游客提供更加多元化和高品质的旅游产品、服务和体验，已成为新时期旅游产业内容创造的重要特征。"二老资源"在旅游产业发展中的重要性正在减弱，内容创造正成为推动旅游产业发展的重要动力。

（二）年轻人的旅游新需求

年轻人主导的社交网络上有一个热词，叫作"小确幸"，源于日本作家村上春树的作品，即"小而确切的幸福"。他们拒绝宏观叙事，拒绝表演性的生活，而是强调自然的生活，可以触摸的温暖，可以把握的幸福。年轻人的旅游，在出游时间、出游方式、旅游目的地、旅游活动内容等方面的选择更加灵活自由，不再拘泥于游览景区景点，更注重身心放松、无拘无束的休闲体验。80后、90后乃至00后，更关注日常生活场景的体验感，而不是单纯地走马观花。在日常生活中，他们会因为"世界那么大，我想去看看"，而来一场"说走就走的旅行"。而跟着旅行团，上车睡觉，下车拍照的旅行方式已被年轻人所抛弃。他们更关注目的地生活方式的深度体验，希望"我的行程我做主"，一切能够让他们有感的"小确幸"都会进入旅游体验的范畴，像上海外滩那只绿色的邮筒，因为鹿晗的自拍照而引发粉丝的排队合影潮。年轻人更愿意追求与自己生活相关的东西，那些风景、形象以及仪式感很强的东西已经不是特别重要的吸引物了。时尚的、美丽的、带点儿性感的内容，才是年轻人所需要的。

（三）不断创新的科技

科技一直是推动旅游产业发展和内容创造的重要动力。互联网、大数据、云计算、AI、VR、AR，还有太空技术等面向未来的科技，已经或正在影响旅游消费和供给的创新，也成为内容创造的主要动力源。科技对内容创造的影响，一方面借助科技手段形成了新的旅游项目、产品和服务等新内容，另一方面是借助科技提升游客对旅游产品的体验质量，提升旅游服务水平。日本 teamlab 公司所打造的以科技为支撑的沉浸式体验内容，为游客提供了可以互动、可以参与的展览和游乐项目，刷新了展览、游乐园的常态化内容和体验方式。飞猪将 AI 技术引入酒店，打造未来酒店，通过人工智能语音互动，住客可以语音控制房间电器和窗帘等。同时，借助大数据手段，依托支付宝用户数据打造用户信用体系，实现住客入住酒店时的免押金、免排队、免查房等内容。

四、内容是创意

原创 IP（知识产权）是新内容产生的重要来源。旅游企业想拥有独具竞争力的旅游产品，需要走自主研发创新的路子，拥有更多的可以商业转化的知识产权，即旅游 IP，并围绕 IP 打造旅游产业链，形成 IP 系列产品。迪士尼是 IP 产业链打造的典型代表，通过持续不断地推出新的动漫人物和动漫电影，形成不断更新的 IP 群，围绕核心 IP，更新迪士尼乐园内的内容，开发衍生产品和服务，从而构建了庞大的迪士尼娱乐帝国。IP 的打造过程，也是企业不断将 IP 品牌化的过程。除了迪士尼，国内的旅游企业也越来越重视 IP 的培育和品牌的打造，以构建企业独有的竞争力。海昌集团将"七萌"作为核心 IP 打造，推出了以七萌和他们的朋友们为主题的绘本、生活用品和学习用品等，使 IP 衍生产品销售成为海昌集团销售收入增长的重要贡献者。华强方特出品的《熊出没》系列动画片，形成了熊大、熊二、光头强等多个 IP 人物，成为华强方特乐园内容开发和衍生品及产业链开发的基础。除景区业外，住宿业、旅行服务业也依托创新，不断推出新的品牌，打造企业新的 IP。如中国旅游集团的"睿景"品牌，锦江集团的"康铂"品牌，首旅集团的"首旅寒舍"，开元旅业集团的"芳草地"品牌，景域集团的"帐篷客"品牌，中国青旅集团的"耀悦"品牌，等等，无不是针对市场需求变化，进行内容创造和品牌发展的结果。

第三章 内容创造是新时期旅游企业创新的重要方向

一、旅游行业的发展变革

（一）旅游住宿业：从数量增长到品质提升

1. 星级饭店

1989年国家旅游局首次公布星级饭店名单，开启饭店星级评定工作后，星级饭店一直作为中国旅游业的核心组成部分。在星级饭店发展之初，以其稀缺性、规范性、独特性成为当时旅游者住宿的首选。中国的星级饭店随着旅游市场的扩大快速发展，从1989年的首批22家星级饭店，到2000年的6029家，再到2016年的11 685家星级饭店，星级饭店的发展经历了初期的快速增长、中期的增速放缓、目前的负增长的过程（图3-1）。

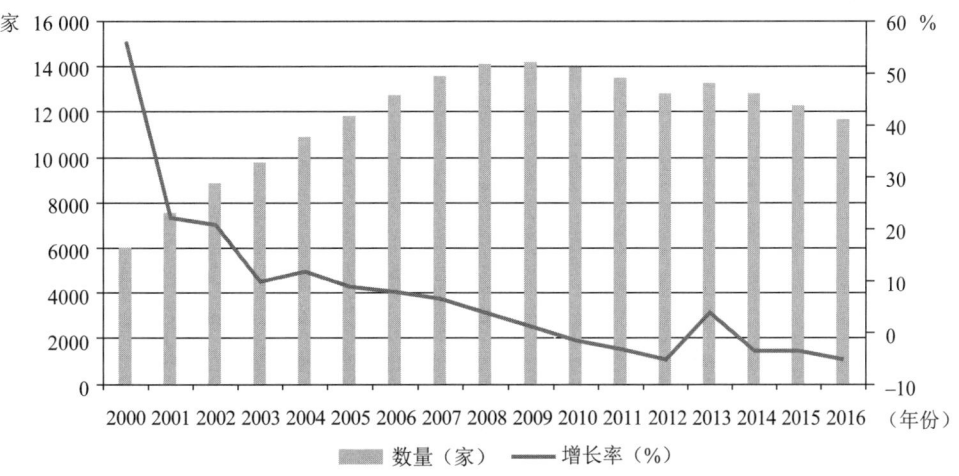

图3-1 2000—2016年中国星级饭店数量及增长率

资料来源：2000—2016年全国星级饭店统计公报

随着旅游住宿供给主体的日益多元和市场竞争的日趋激烈，星级饭店的营收开始下滑，2013年起，星级饭店营业收入均为负增长（图3-2），2016年，全国9861家星级酒店的净利润仅为4.71亿元。同时，星级饭店的出租率也有所下降，2012年以后，出租率一直在55%左右徘徊（图3-3）。高星级酒店的出租率也出现下滑，2016年，五星级酒店的平均出租率为58.57%，比2005年的66.03%下降了7.46个百分点，四星级酒店的平均出租率为55.62%，比2005年下降了9.47个百分点。在多供给主体的冲击之下，星级酒店发展正在从初期的数量增长向质量提升转变，急需通过盘活存量、空间价值的叠加、产品和服务的创新来为企业发展寻找新的增长空间。

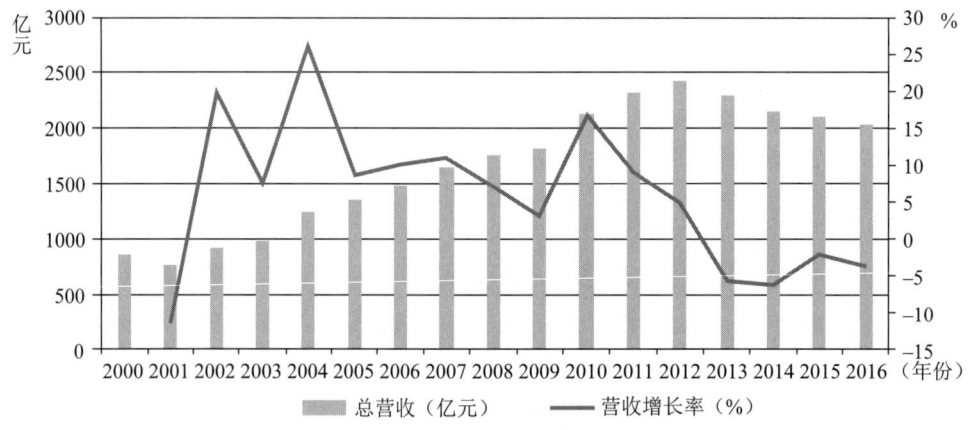

图3-2　2000—2015年全国星级饭店总营收及增长率

资料来源：2000—2016年全国星级饭店统计公报

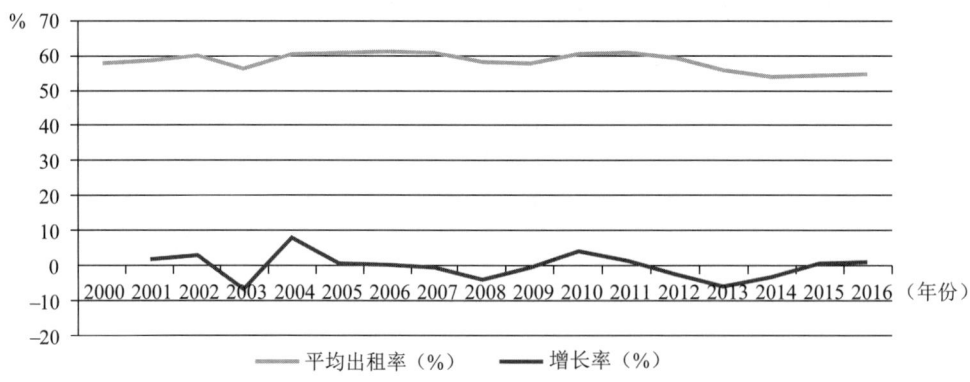

图3-3　2000—2016年全国星级饭店平均出租率及增长率

资料来源：2000—2016年全国星级饭店统计公报

随着旅游者多样化住宿需求的释放，旅游住宿行业也日趋多元，经济型酒店、中档酒店、民宿、在线短租等多种住宿形式开始出现，进一步丰富了旅游住宿构成，星级饭店在整个住宿业中的地位也由早年的绝对中心蜕变为重要组成之一。2000年，全国10 481家旅游饭店中，星级饭店6029座，占57.5%，全国旅游饭店营业收入总额862.27亿元，星级饭店营业收入总额603.71亿元，占旅游饭店总营收的70%。2016年，全国星级饭店有13 293家，客房1 539 100间，全国各类住宿设施共422 458家，客房15 310 732间[①]，星级饭店客房占所有客房的10%，住宿市场趋向多元，市场竞争更加激烈。在新的消费时代和市场竞争背景下，星级饭店产品同质化现象正成为制约其发展的根本原因，星级饭店急需产品和服务的变革，从数量性增长向品质提升转变，重新塑造星级饭店的竞争力。

2. 品牌连锁酒店

在星级酒店发展的同时，以经济型酒店、中档酒店为代表的品牌连锁酒店开始快速发展。从1997年首家锦江之星出现，开启经济型酒店发展篇章。2002年如家品牌创建，此后经济型酒店进入快速发展期，2005年增长率达214%，到2016年，我国的经济型酒店数量已达19 732家，经济型酒店发展已步入红海。以如家酒店为例，作为中国经济型酒店的领头羊，近十年来，如家的入住率（OCC）有所下滑，2009年客房入住率达97.2%，2016年客房出租率为84.9%，下降了12个百分点。每间可售房收入（RevPAR）也由最贵时的183元下降至145元（见图3-4）。经过十余年的高速发展，中国的经济型酒店步入了入住率和房价双下滑的新发展阶段。一方面是成本上升、收益减少、物业难觅等运营问题制约了经济型酒店发展的步伐，另一方面旅游者对住宿品质不断提升的诉求导致原有客源群体的消减，越来越多的经济型酒店开始谋求转型。经济型酒店开始从早期的只注重住宿的功能性，开始转向提高住宿的体验性和品质内涵，增加住宿的文化内涵、提高房间的住宿品质、提升品牌定位、产业延伸等，从而实现经济型酒店的转型发展。部分经济型酒店被改造为中档酒店，如锦江旗下的锦江之星改造为康铂，如家旗下的莫泰酒店改建为如家精选、和颐及和颐至尊等中档酒店品牌。

---

① 2017中国大住宿业发展报告. 北京第二外国语学院酒店管理学院，上海盈蝶企业管理咨询有限公司.

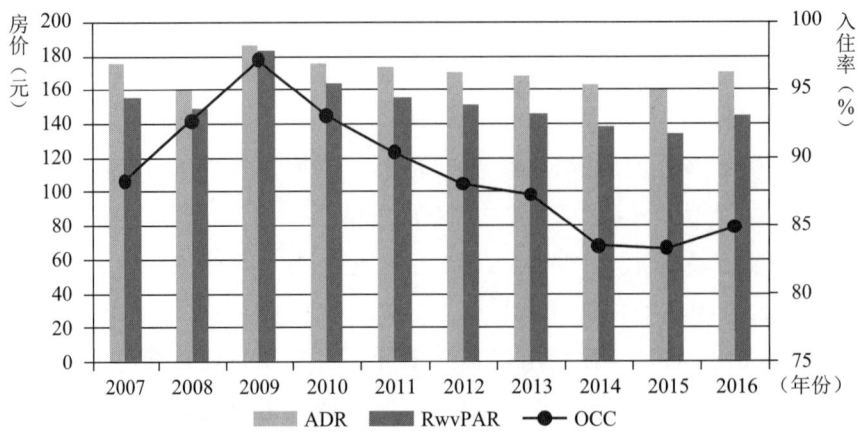

图 3-4　2007—2016 年如家三项经营指标变化图

资料来源：据如家、首旅酒店上市公司年报数据整理

2005 年有限服务连锁酒店 522 家，56 854 间客房，2016 年已分别增至 24 150 家酒店和 2 134 690 间客房（图 3-5、图 3-6）。从增长率看，有限服务连锁酒店已从初期的高速增长步入缓慢增长阶段，2007 年的增长率曾高达 87.4%，到 2016 年酒店增速已降至 12.4%（图 3-5），客房增速从 2007 年的 91% 下降至 2016 年的 8.4%（图 3-6）。多样化的住宿设施及市场主体的出现，对品牌连锁酒店形成冲击。市场消费不断升级，客观要求品牌连锁酒店要根据市场需求的变化不断创新，从过去的数量式增长向内涵式提升转变。

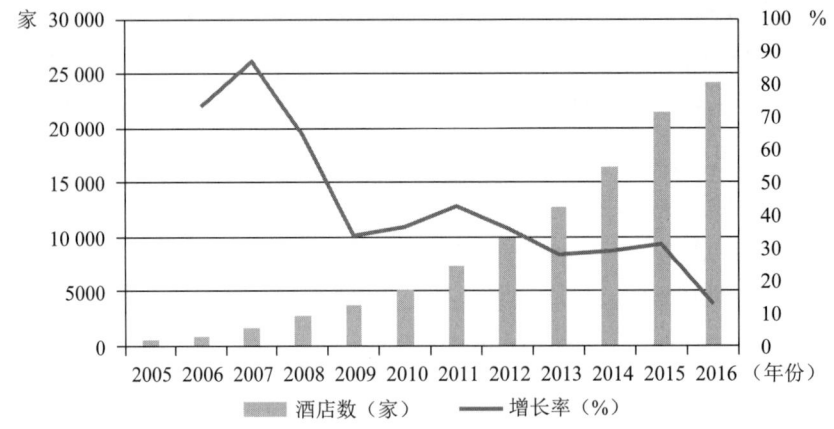

图 3-5　2005—2016 年有限服务连锁酒店数量及增长率

资料来源：2017 中国酒店连锁发展与投资报告

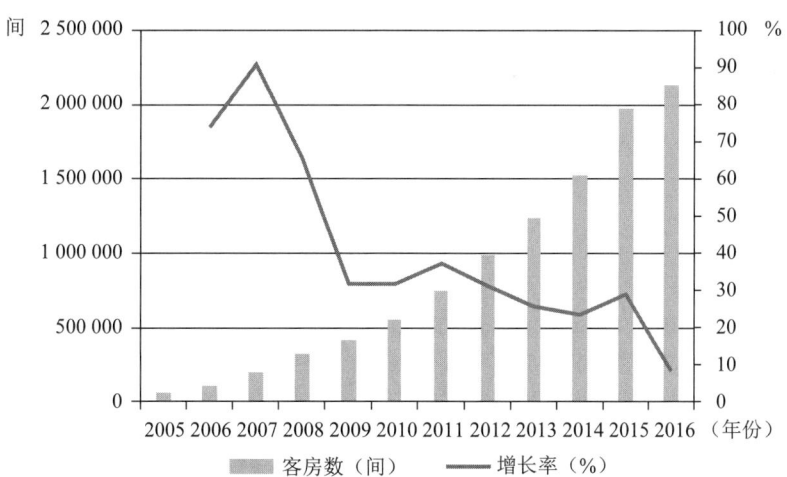

图 3-6　2005—2016 年有限服务连锁酒店客房数量及增长率

资料来源：2017 中国酒店连锁发展与投资报告

3. 非标住宿

随着居民收入的提升和旅游经验的丰富，旅游者对住宿有了更加多元的要求，价格不再是旅游者单纯追求的目标，越来越多的人开始关注住宿的品质、个性化的体验和居住的舒适性，民宿、分享住宿等非标住宿开始出现，为满足旅游者个性化住宿需求提供了便利。

2011 年途家网和蚂蚁短租上线，开启了在线短租发展的新篇章。在线短租业开始快速发展，并获得资本的高度关注，如途家网成立后，完成了 6 轮融资，融资金额超 50 亿元。据不完全统计，2012—2016 年，在线短租行业融资次数共 28 笔，B 轮及以上融资占 30%，且市场仍处于成长阶段。据艾瑞数据，2016 年中国在线短租市场交易规模达到 87.8 亿元，同比增长 106.1%。从 2012 年，在线短租开始发展，到 2016 年市场交易额达 87.8 亿元，在线短租业整体保持了高速增长（图 3-7）。从市场发展看，在线短租正处于快速发展阶段。但随着旅游者消费需求的升级，在线短租也同样面临发展的升级。在数量不断增长、交易持续提升的同时，继续提高用户体验，创新服务，提供更多更具品质的优质住宿产品也是在线短租业需要考量的问题。

图 3-7 2012—2016 年中国在线短租市场规模及环比增长率

资料来源：2017 年中国在线短租行业研究报告

2012 年，以裸心谷为代表的民宿迅速走红，莫干山民宿成为中国民宿发展的典型代表，具有较高品质的民宿开始走入消费者视野，中国的民宿也从初期的农家乐升级为具有较高品质、具有优美环境、具有一定文化品位的精品民宿阶段。在短短几年的时间内，莫干山民宿快速增长，到 2016 年，已有 800 间民宿。全国各地也兴起了一股精品民宿的浪潮，部分地方的精品民宿房价甚至超过五星级酒店。民宿在快速发展的同时，同质化、内容单一等问题开始出现，民宿热开始降温。越来越多的民宿在市场竞争的大潮下，开始思考升级发展。通过增加服务，如增加游客服务活动，陪游客体验周边的乡村，提升游客的居住及延伸服务体育；打造民宿综合体，提供除住宿以外的特色参与、购物、娱乐、游憩、艺术活动、参与式体验活动等以提升民宿的综合度假功能，而非单一的住宿功能，正成为民宿发展的新趋势。

（二）旅行服务业：由价格战到内容和服务创新

1.传统旅行社

1949 年成立的厦门华侨服务社，是中华人民共和国成立后的第一家旅行社。此后，以中国旅行社、中国国际旅行社、中国青年旅行社三大旅行社为代表的中国旅行社企业快速发展，出现了众信、康辉、广之旅、春秋等一批后起之秀。到 2000 年，中国旅行社数量已达 8993 家，2016 年，达到 27 939 家（图 3-8）。经过几十年的发展，中国的旅行社业早已步入了成熟期。从旅行社的增长率看，从 2001 年的 17.11% 到 2016 年的 1.15%，旅行社增速下滑，市场已经趋于饱和。

同时，越来越多的游客开始选择自主出行，散客比例高达96%，这对旅行社的发展无疑提出更高要求。同时，OTA企业的出现进一步加剧了旅行社行业的竞争。市场需求的变化和市场供给的饱和，令旅行社行业正经历前所未有的挑战。行业营收增速放缓正在，2001年，全国10 532家旅行社总营收589亿元，比上一年增长25.5%。2016年，全国27 939家旅行社总营收4643亿元，比上一年增长10.84%，而上一年的营收增长率仅为3.96%（图3-9）。

图3-8　2000—2016年我国旅行社数量及增长率

资料来源：中国旅游业统计公报、全国旅行社统计调查情况的公报

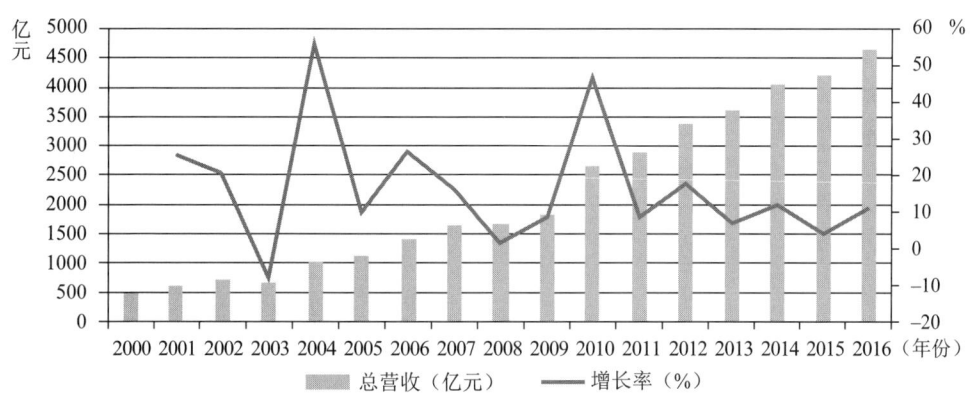

图3-9　2000—2016年我国旅行社总营收及增长率

资料来源：中国旅游业统计公报、全国旅行社统计调查情况的公报

旅行社数量的过饱和，导致市场竞争更趋激烈，旅行社间的低价竞争从未间断，从零团费到低价团不断出现，业界甚至用白菜价来形容国内团费。全国旅行社企业的净利润不断下滑，2015年，全国旅行社净利润仅为21.88亿元，比上年下降34.14%（图3-10）。同年，携程的净利润已达25亿元，以一家企

业净利润比肩全国两万多家旅行社净利润。散客化的发展、市场需求的变化以及市场竞争的激烈，要求旅行社企业在新的消费时代，必须要摆脱价格竞争的恶性循环，依托旅行社所独有的人力资源、软性服务和经验，探寻新的产品、新的服务，挖掘企业优势能力，重塑企业竞争力。从前几年传统旅行社闻OTA色变，到近一两年OTA纷纷向线下拓展，充分说明了线下旅行社基于人的服务依然是企业重要的竞争力，只是千篇一律的标准团是无法满足市场的需求的，企业需要针对市场新需求进行产品和服务变革。

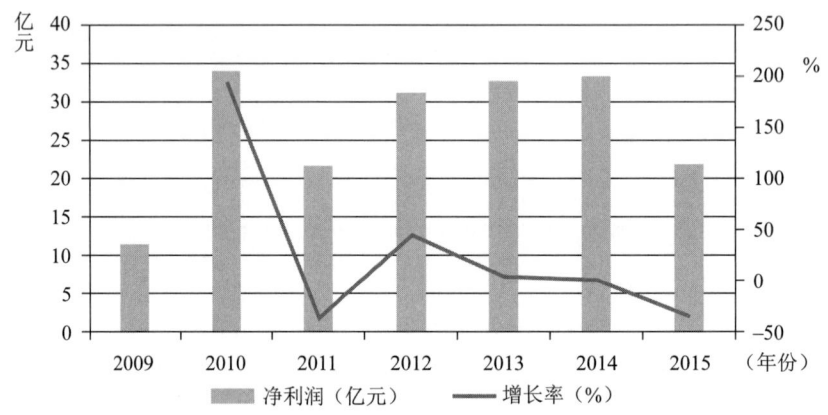

图 3-10　2009—2015 年我国旅行社净利润及增长率

资料来源：中国旅游业统计公报、全国旅行社统计调查情况的公报

2. OTA 企业

1999 年携程成立，以旅游资讯和社区为主要内容，到 2001 年携程明确了要做领先的旅行电子商务网站、宾馆分销商和商旅服务公司，OTA 企业的发展开始步入正轨。此后，同程、景域、途牛、马蜂窝等一批以在线旅行服务为主要内容的企业开始出现，并成长为在线旅行服务市场的中坚力量。新美大、飞猪等后来者依托原有市场和平台基础，快速成长为旅行服务市场的核心企业。随着在线旅行服务企业的快速增长，互联网和移动互联网的广泛应用，旅游在线交易额不断攀升。从 2009 年全国在线旅游市场交易额 617.6 亿元，到 2016 年全国在线旅游市场交易额 5903.6 亿元，在线旅游交易一直保持两位数的高速增长，个别年份增速甚至达到 53.7%（2010 年）。在线旅游市场渗透率不断提升，从 2009 年的 4.8% 增长到 2016 年的 12%（图 3-11），在线旅游交易仍将持续增长。

在线旅游服务企业虽保持高速增长,但以资本换市场、以价格补贴等方式换取流量的做法并不可持续。多数 OTA 企业仍处于亏损,尚不能实现经营上的盈利。同时,周五旅行网、找好玩、淘在路上、周末去哪玩等一批在线旅游企业已经在激烈的市场竞争中消失。当前,OTA 企业获客成本不断提高,流量红利不断消减,从长远看,OTA 企业仍需回归产品和服务本质,借助大数据、AI、AR、VR 等技术,从便利、品质、内容等多方面实现创新,让旅行服务回归内容和产品本身。

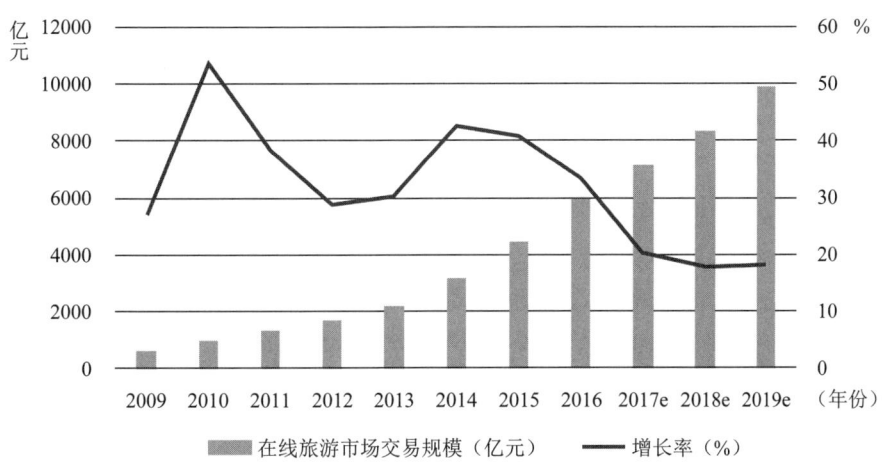

图 3-11　2009—2019 年中国在线旅游市场交易规模

资料来源:2017 年中国在线旅游度假行业研究报告

(三)泛景区业:由待客上门到内容为王

泛景区业的发展,正由传统的二老资源(老天爷、老祖宗留下的资源)向多元化的旅游资源转变。旅游景区正跳出围墙,向更大规模、更大范围、更加多元的方向发展。传统的以 A 级为代表的景区仍然保持增长,2010 年,全国 A 级景区总数 4521 家,2016 年达到 9824 家(图 3-12)。景区接待人数依然保持较高速增长,2015 年全国 A 级景区共接待游客 37.77 亿人次,是 2010 年的 1.68 倍(图 3-13)。承载着广大游客观光需求的广大景区,依然保持了稳定的增长。从 A 级景区的数量增长看,高品质景区增速放缓,近几年增速下降,增长率基本维持在个位数水平,如 2016 年 7%,2017 年 9.6%(图 3-14)。同时,2016 年起,A 级景区退出机制激活,5A 级景区的进入将更加严格,客观上也将对高品级景区数量的增长形成一定的抑制。当游客由团队转向散客,由观光转向休闲度假，传统旅游景区的发展也需要针对市场需求的变化做出改变。在旅游发展之初，资源好的景区只需要待客上门，无须更多的产品和服务创新。在新消费时代，传统旅游景区面临旅游综合体、旅游特色小镇、旅游度假区、城市街区等更加多元的泛旅游景区的竞争，变革已经是必然。传统景区要在已有资源的基础之上，借助创意、科技等手段对已有产品、服务进行再创造，增强景区的休闲、娱乐、度假功能，提升景区的服务水平，为游客提供更高品质的旅游体验。

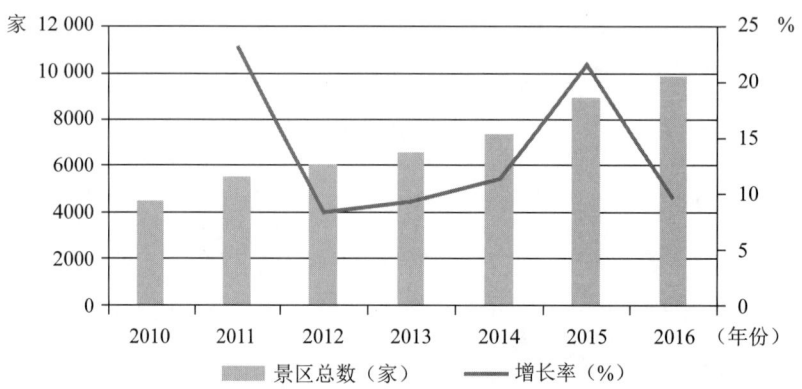

图3-12　2010—2016年全国A级景区数量及增长率

资料来源：2011—2017年中国旅游统计年鉴

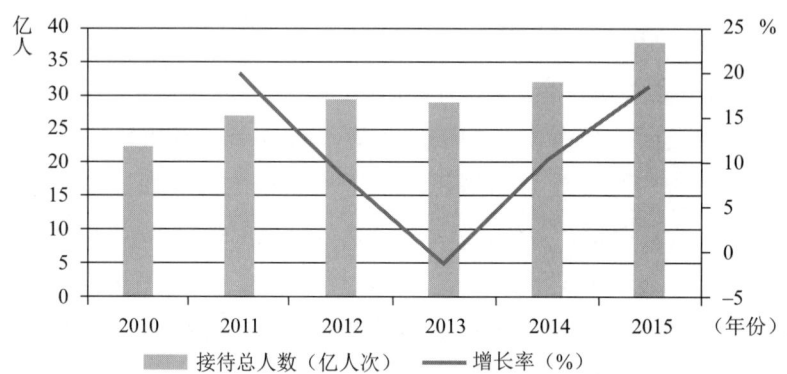

图3-13　2010—2015年全国A级景区接待人数及增长率

资料来源：2011—2016年中国旅游统计年鉴

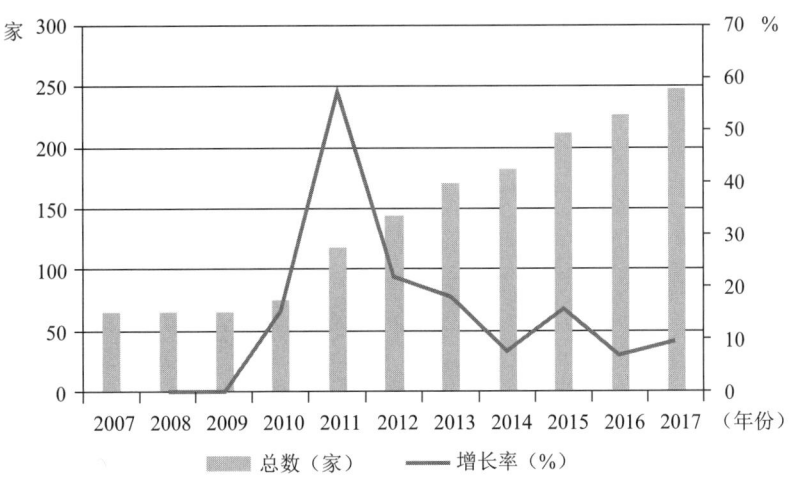

图 3-14 2007—2017 年全国 5A 级景区数量及增长率

资料来源：国家旅游局官网

从景区类上市企业看，传统资源型景区发展放缓，内容创造类和产品创新类景区发展加快。2016 年国内景区类 17 家上市企业总营收 148.14 亿元，净利润 20.85 亿元（图 3-15、图 3-16）。营收出现下滑的包括张家界、峨眉山 A、西藏旅游、桂林旅游、丽江旅游等，主要为传统资源类景区。营收增速最高的是北部湾旅，高达 152.5%，其次是宋城演艺（56%）、国旅联合（32.8%）、海昌海洋公园（13.3%）和九华旅游（13.3%）。从营收增长较高的几家企业看，主要为技术和内容、产品创新推动型企业。北部湾旅收购新智认知，借助大数据和智能技术加速与自有旅游产品的融合，并成为其营收增长的重要来源。宋城演艺和海昌海洋公园都是以 IP、内容创造为核心资源的景区，尤其是宋城演艺，2016 年营业收入 26.44 亿元，净利润 9 亿元，是景区类上市公司的佼佼者。国旅联合和九华旅游，前者加大在文化体育方面的布局，并投资猫眼视觉、北京发源地文化传播公司、厦门风和水航海文化公司等，加大在文化、体育、娱乐以及直播等方面的内容领域的投资；后者则通过酒店＋拓展业务，并通过业务板块的品质提升行动，推动产品、服务创新，加速企业的转型升级。

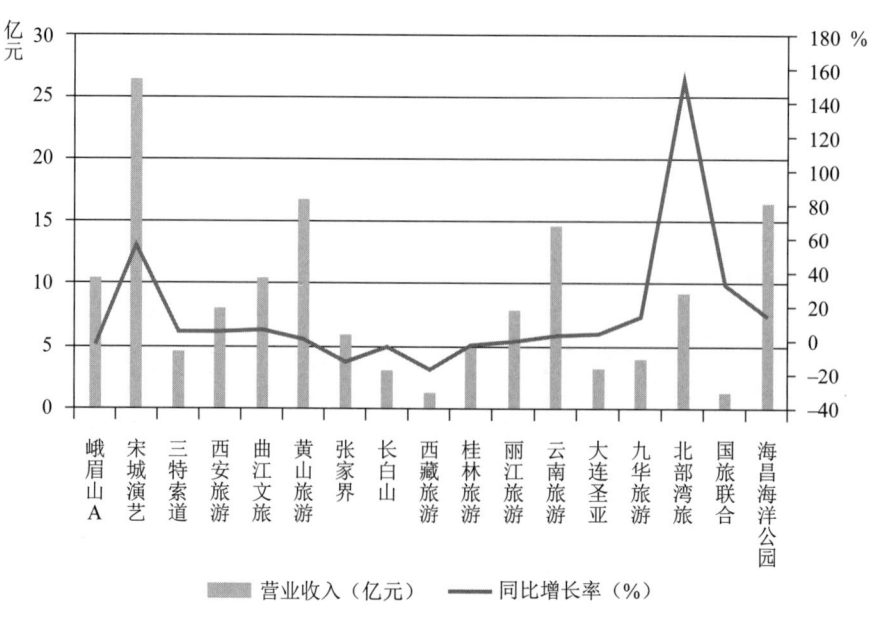

图 3-15　2016 年景区类上市企业营业收入及增长率

资料来源：上市企业 2016 年年度报告

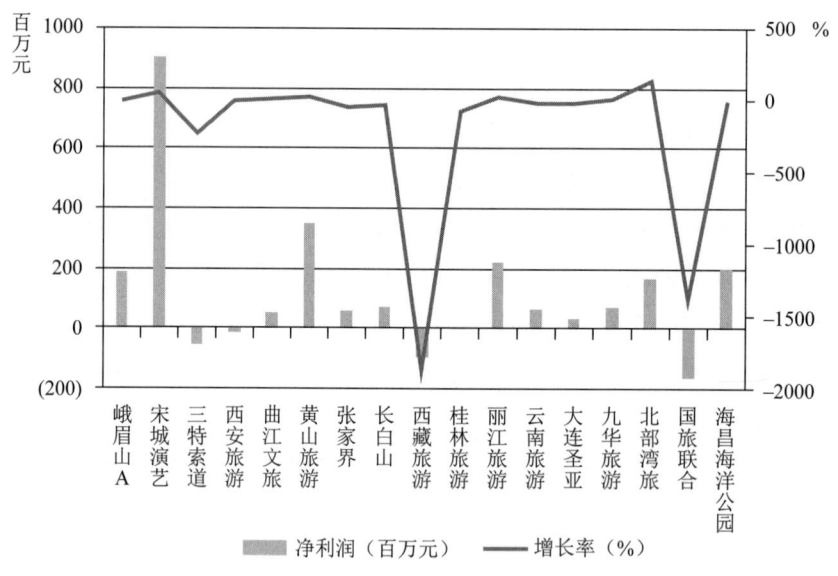

图 3-16　2016 年景区类上市企业净利润及增长率

资料来源：上市企业 2016 年年度报告

随着以 80 后、90 后为代表的新消费主体的成长，生活方式、产业融合、功能综合型旅游产品开始出现,并成为旅游消费市场的新宠。其中,承载了当地生活方式、具有综合功能、具有多产业融合的旅游综合体得到快速发展。截至2017年3月,全国共有投资额10亿元以上的旅游综合体1371个。这些数量大、投资额度高的旅游综合体的建设,如何避免千篇一律,如何在众多的旅游综合体中脱颖而出,如何构建具有独特吸引力的内容和产品,如何以品牌塑造与众不同的个性?是当前综合体建设中面临的突出又普遍的问题。开发独特的内容是旅游综合体未来发展的重点。

2016年住建部公布了中国第一批特色小镇名录,一时间特色小镇建设如火如荼。住建部公布了两批共403家特色小镇,体育总局公布了首批96家运动休闲特色小镇,林业局组织申报首批30个森林特色小镇,加上各地并未纳入的特色小镇(中国特色小镇网上有620家特色小镇),至少目前至少有千家以上的特色小镇。这些数量众多的特色小镇,面临和旅游综合体同样的问题,用什么样的产业、内容填充特色小镇,避免特色小镇的空心化和房地产化?如果没有有特色的产品、有灵魂的内容、个性化的服务和有活力的产业,特色小镇就只能称为城市建筑物。

无论是传统旅游景区,还是新兴的旅游综合体、特色小镇、田园综合体等,在新的消费时代,都需要用内容填充形式,用产品满足需求,用特色构建壁垒,用品质提升体验,用服务镌刻回忆,只有将泛旅游景区装上优质内容和关联产业,景区的发展才能持续、健康。

二、旅游企业的创新发展

互联网和移动互联网在旅游业的广泛应用,让企业的发展方向一度重心转移,线上成为重要的发展方向,通过渠道端建设,获取持续的海量用户。当前线上用户基数庞大,渠道红利正在消退,企业获客成本不断增加,企业急需寻找新的增长点。从渠道到内容,正成为企业发展的新方向。同时,资本、科技对旅游产业的改变,抛开短期的投资投机行为,也同样面临需要有可支撑的内容、可预见的产品、有特色的服务来实现投资价值和科技价值。无论是大型旅游集团,还是新兴企业,基于生活需求的内容创造和产品创新正成为旅游企业关注的新热点。

（一）大型旅游集团

随着旅游市场主体的发展壮大，旅游企业在发展中必须要面对的是在发展方向引领下进行持续创新，才能保持企业发展立于不败之地。当前，旅游企业的发展正面临新的转型，无论是市场需求的持续升级，还是市场竞争的日趋激烈，都要求旅游企业要及时做出反应，并准确把握未来。大型旅游集团作为旅游市场主体的中坚力量，也是行业发展的引领者，在以资本、渠道、资源促发展的道路渐窄的背景下，旅游集团的发展正回归生活、内容、品牌、产品和服务本身。

1. 以品牌和内容创新盘活收购资产

近两年是资本异常活跃的一年，旅游集团间的投资、收购、合并等高发。美团与大众点评合并、携程与去哪儿合并、港中旅与国旅合并、港中旅收购Kew Green Hotels（KGH）、锦江收购卢浮酒店集团、铂涛酒店和维也纳酒店，增持雅高酒店集团股份，首旅收购如家，岭南收购花园酒店和中国大饭店，携程收购MakeMyTrip和天巡网，开元收购荷兰埃因霍温市的假日酒店，途家收购蚂蚁短租等，对于新纳入的企业，如何更好地发挥其与集团已有资产间的协同效应，让其资本价值得到最大发挥，是旅游集团资本运作的重点。以新品牌整合双方优势资源，是旅游集团盘活投资并购资产的重要路径之一。港中旅集团收购英国的第三方酒店管理公司后，推出中端酒店品牌睿景酒店，以轻奢品牌服务于正快速增长的中端消费市场，将英国图书馆概念纳入酒店设计，以多功能社交空间、高品质住宿体验和时尚品位融入酒店，将KGH品牌与港中旅已有资源进行良好的嫁接，借品牌创新整合双方资源，发挥各自已有优势。

2. 以产品创新整合内部资源

大型旅游集团拥有多种业态，酒店、旅行社、景区、交通等是多数旅游集团的标配。当前旅游市场竞争日益激烈，无论是在线旅游企业还是实体类旅游企业都急需提升企业的运营效益。随着万达逐步退出旅游圈，风风火火的资本运作背后，也暴露出仅靠资本运作，没有真正有竞争力的产品和内容，企业的可持续发展很难实现。企业需要以内容和产品创新等多种形式对已有的企业资源进行整合，从而发挥企业内部资源间的协同效应，真正实现企业的可持续发展。海航旅业是国内综合性的旅游集团，依托母公司海航集团，已构建了航空、酒店、旅行社、金融、零售、景区等全产业链的业务体系，但如何将航空公司的流量转变为各企业可以共享的客源,如何实现企业内部资源间的资源、客源共享,发挥出更大的企业协同效应,一直是综合型旅游集团面临的共同问题。尤其在当前多数行业整体利润率下滑的背景下,集团内部深度挖潜就显得尤为重要。海航今年推出了嗨途(HiApp)产品,尝试以嗨途整合海航旗下所有资源,围绕航空客人的出行,提供多角度、多方位、全过程的关联服务,以此提升游客的出行体验,同时也实现海航资源的最有效利用。

3. 内容创造将是企业未来的新增长点

在经历了资本运作、渠道拓展和线下资源收购之后,旅游集团的发展正逐步回到企业发展的根本,即以什么样的内容、产品和服务引领并满足游客的消费需求。近几年,内容创造类企业开始出现,并凭借其精准的定位,高品质的内容生产,形成了良好的盈利模式。比如喜马拉雅、李翔商业内参、IP等。Facebook、谷歌、亚马逊和Netflix等科技企业均开始向影视视频内容的数字化方向发展,亚马逊和苹果等顶级科技公司也对内容领域虎视眈眈。国内的腾讯、百度等互联网企业也纷纷进军内容领域,自制流量剧,打造独有内容。在内容生产方面最具代表性的成功企业,迪士尼,在2017年12月刚被爆出即将收购21世纪福克斯,要将迪士尼最擅长的IP做到极致,已拥有皮克斯、漫威、卢卡斯影业的迪士尼,如果收购21世纪福克斯,将成为影视内容生产方面最强大的企业,围绕内容、IP,发展付费服务,打造主题公园,拓展衍生产品,将会进一步增强迪士尼在内容领域的领先地位。

(二)上市公司

从2017年新上市的旅游及相关企业看(图3-17),内容类企业显著增多,主要为服务于人们的休闲、娱乐、自我发展等需求的企业。2017年新上市的旅游类、文教休闲类、互联网类和传媒娱乐类等四类企业中,共有21家上市企业,其中旅游类只有1家——天目湖景区。作为近两年唯一一家旅游类上市企业,天目湖景区以休闲度假为核心,以一站式旅游目的地打造为特色的景区运营得非常有特色,成为旅游景区中的一股清流。而其募集的资金中,将主要用于文化演艺产品开发。天目湖的营收结构有别于一般的资源型景区,景区门票收入仅占景区旅游收入的26%,二次消费、体验类产品及酒店业务是企业的主要营收来源。

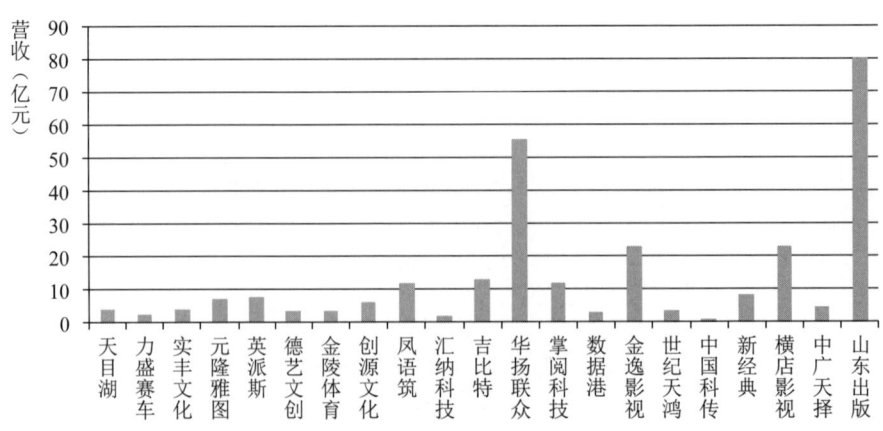

图 3-17 2017 年新上市的旅游及相关企业

资料来源：据中信证券公开资料整理。

力盛赛车、德艺文创、凤语筑等 8 家文教休闲类企业中，主要聚焦于体育赛事运营、体育健身类产品开发、纸质时尚文教和文化用品开发以及数字体验等内容，均为内容提供、产品提供类企业，是能满足当下人们日益增长的高品质生活需求的产品供应商。汇纳科技、数据港等 5 家互联网类企业，主要涉及大数据、游戏、数字阅读、文学网站等业务，是当下新生代最为热衷的新内容产品的提供者。世纪天鸿、横店影视、山东出版等 7 家传媒娱乐类企业，业务内容涉及影视拍摄、视频内容制作、图书策划出版等，同样是新内容的生产者。从 2017 年新上市的旅游等 5 大类上市企业看，普遍具有以生产内容为特征，以创新性产品提供为特色，符合当下人们生活品质提升，以及个人自我发展提升背景下对新产品、新内容的要求。

第四章　面向生活的旅游内容创造

国民经济的发展，供给侧改革及大众创业万众创新的推进，推动中国企业发生巨变。中国旅游企业正从过去被动地模仿、接受欧美生活方式、商业模式到主动地输出生活方式、商业模式转变，从被旅游业影响到主动影响旅游业转变。近两年，中国旅游企业在内容创造、产品创新、服务创新方面进行了积极的尝试，在引领并满足需求、推动供给侧改革方面起到了积极的作用。旅游正从生活的构成部分转变为旅游即生活。旅游作为异地化的生活体验，正成为旅游企业变革创新的思想源泉。

一、需求引导下的内容创造

（一）解决消费痛点的新模式

1. 共享单车

针对消费痛点的创新，是企业创新的重要方向之一。找到百姓生活中和旅游者出行中的真正痛点，并据此提供创新性的产品和服务，是企业创新的根本。长期以来，交通中的最后一公里问题始终突出，公共交通工具与居民住址之间的距离，是居民生活的痛点之一。打车太近，徒步太远。以摩拜、ofo 为代表的共享单车的出现，切实解决了这一生活痛点，以密集的单车停放，智能的预约或查找功能，便捷的扫码开锁和智能支付，解决了城市居民最后一公里出行的不便，并推动了人们生活方式的改变。共享单车的成功是因为找到了人们出行时短距离出行方式的痛点。正如 ofo 创始人戴维曾提及，他第一次创业做了自行车骑行旅游，最后发展是伪需求，不能持续而失败。第二次创业仍然围绕自行车，但因为找到了人们短距离出行的痛点而获得了商业上的成功。因为找到了消费痛点，共享单车在短期内获得了快速发展，成为现象级企业。摩拜单车

2016年4月正式上线产品,到2017年底已经有2亿用户,在9个国家的超过180个城市,运营了超700万辆单车,成为全球最大的智能共享单车运营平台和移动物联网平台。

共享单车这一出行方式的出现,不仅改变了人们的生活方式,也改变了旅游者在目的地的体验方式和旅行中最后一公里的出行方式。以自行车方式骑行景区、乡村、城市,成为一种新的旅行体验。同时,作为衔接公共交通站点与景区、酒店、度假村之间的有效交通方式,共享单车的出现,完善了旅游者的公共出行方式,优化了旅游者的旅游体验。同时,共享单车的创新,也是具有中国特色的创新。共享单车这种原创模式,改变了国内企业模仿国际企业商业模式的传统惯例,成为中国企业模式输出、品牌输出和创新观念输出的重要代表。

2. 内容付费

新生代消费者对于个性化产品的追求、基于移动终端的碎片化学习时间的增加,以及对自我发展的重视推动了高品质内容产品的发展,优质内容尤其是优质原创内容成为消费者所偏爱的重点,并演化出内容付费这一新的模式。互联网带来了大量免费内容、免费资讯,但也造成信息泛滥,消费者要在纷繁复杂数量巨大的信息中寻找对自己有用、自己感兴趣、有营养的信息变得越来越难。为优质内容付费渐渐出现,消费者可以自主选择自己感兴趣的优质内容并为之付费,以此降低无效阅读时间和实现自我发展。2003年,起点中文网开始做内容付费。此后,音乐平台、小说、影视剧、视频、专业知识等领域均出现内容付费。其中,知识付费在近两年快速发展,并形成了以"喜马拉雅"为代表的音频分享平台,以"知乎 live"为代表的知识分享社区,以"分答"为代表的语音问答平台和以"得到"为代表的知识订阅产品。

当线上流量增长变慢,线上企业获客成本增加,获客难度加大的同时,优质内容正在成为新的流量入口。以优质内容为核心产品或服务,通过对优质内容的产品化运作,吸引和黏住用户,并以此为基础进行多元化的商业模式创新和价值变现,已成为企业内容创业的重要路径。互联网龙头企业开始进入内容领域,并在阅读、音乐、影视、游戏等方面进行布局。腾讯成立了阅文集团和音乐娱乐集团专门开发阅读和音乐等内容产品,微信也通过公众号打赏等模式鼓励优质内容。阿里巴巴成立阿里营业、阿里游戏、淘宝阅读,收购华数传媒和虾米音乐,发力内容产业。百度成立百度影业。新生代群体对移动终端的高频使用和碎片化时间的有效利用，使得线上内容正成为互联网类企业吸引并黏住新生代群体的重要手段。

以马蜂窝、穷游网为代表的旅游社区是旅游类的内容生产者。游客鲜活的游记、旅游社区提供的锦囊、路书、攻略，游客互助的问答等一直是旅游社区吸引并留住游客的法宝。数量众多的游记需要耗费游客大量时间去阅读，同时还需要在众多游记中寻找对自己有用和真实有效的信息，对游客而言这是一项耗时长久的事情，内容付费的出现可以为游客提供更加精准、有效的旅游目的地信息，从而提高游客的时间效益。2017年，穷游网开始试水内容付费，对攻略游记内容和部分专题文章进行付费阅读。内容付费模式成功的关键因素之一是可以为用户提供持续、高质量的优质内容。尽管内容付费模式还在探索中，但极致内容将成为新的流量入口的趋势将会延续。OTA企业在内容领域的探索也不短深入，在原有目的地攻略的基础上，携程2016年底发布了图文记录"拍拍"社区和语音导览"听听"功能，在为游客提供更多维体验的同时，游记、图文、音频也将成为内容的重要生产者。

高品质的内容生产将成为旅游企业未来发展的方向之一。在线类旅游企业可以内容为入口，为垂直社群的游客提供专业内容，并围绕内容提供多维、立体的关联产品和服务，以内容付费和电商模式变现，并打造社群经济，培育黏性客户。传统类旅游企业也可以通过内容创新，丰富产品类别，增强吸引力，并为游客提供更加丰富、多元的旅游体验，延长游客逗留时间实现企业的经济效益。

（二）满足消费需求的新产品

沉浸式娱乐。当前，以80后、90后和中产阶级为主体的新生代正成为市场消费的主导者。他们更乐于表达自我、更喜欢主动选择、更愿意参与体验、更在意自我发展。沉浸式娱乐的出现，将消费场景融入体验，沉浸式娱乐构成内容，不同的场景、空间，构成沉浸式娱乐的不同背景。观众不再是被动的旁观者，而是主动的参与者，演员和观众的互动构成沉浸式娱乐的内容之一。

沉浸式娱乐主要有两种形式，以剧情为主的沉浸式娱乐和以科技手段为核心展现方式的沉浸式娱乐，前者以戏剧、演出为主要内容，后者则更注重科技设施与观众的互动。英国的"Sleep No More"沉浸式戏剧是根据IP剧《麦克白》改编而来，观众在封闭的、近百个房间和场景中跟随演员的表演而穿梭于不同空间，并会因跟随不同角色演员的差异，而看到不同的剧情。日本的

teamlab 推出的《花舞森林与未来世界》则是通过沉浸式的互动装置实现花朵与观众之间的互动，观众行为的变化会对装置中花朵的状态产生直接影响。由武汉旅游发展投资集团和樊跃导演共同打造的"知音号"，是长江漂移式多维体验剧。以漂移的轮船，民国场景，构建了游客与演员共同参与的演艺，游客是内容的一部分，他们参与其中，主动体验内容的变化，感受历史与现实，过去自我与现在、未来自我的关系。"知音号"自 2017 年 5 月推出以来，已经成为武汉旅游的新招牌。

沉浸式娱乐满足了游客自主参与、自我表达、艺术创造的诉求，并通过游客与演员、设备的互动，实现游客的深度体验。不同的演出场景，封闭空间、游船、景区、酒店等塑造了不同的体验背景和氛围。沉浸式娱乐所体现的内容和形式的统一，以及深度参与所带来的高品质体验，深受消费者的喜爱，将成为旅游演艺创新的重要方向之一。同时，也可为旅游景区，旅游综合体，旅游住宿企业提供内容，丰富产品构成，增强游客的多维体验。

（三）基于 IP 的新内容

IP 是内容创造时代的核心，内容的 IP 化是内容产品化的主要路径。有人将 2015 年称为国内的 IP 元年。作为 IP 经济的标杆性企业，成立于 1955 年的迪士尼，已经构建了围绕核心 IP（迪士尼出品的动画形象和卡通人物），打造基于 IP 的产品体系和产业链条，形成了由 ABC 媒体等网络媒体，迪士尼主题公园，影视娱乐，IP 衍生品等构成的完整体系，构建了长盛不衰的 IP 帝国。2016 年迪士尼总营收 556.32 亿美元，净利润 93.91 亿美元。

当下，IP 的内容也在不断泛化。IP 不仅是知识产权，它还是名人、品牌和形象，以及围绕 IP 所形成的不断孵化优质内容的机制和平台。国内的 IP 创新形成了以个人内容为特色的 IP 形象，如罗辑思维的罗振宇，papi 酱，凯叔讲故事的凯叔，等等。以影视剧、综艺节目、文学、视频音频、产品、服务为核心的品牌 IP，如花千骨、爸爸去哪儿、盗墓者笔记，等等。

基于 IP 的内容创新模式，需要通过原创内容生产创造优质 IP，而后以 IP 为核心提供关联产品，构建跨界业态和产业链，形成完整的价值生产体系。在此过程中，IP 的持续更新是非常重要的。优质 IP 能带来的经济效益非常巨大，以 IP 为核心构建的产业体系往往超出 IP 本身所能带来的经济价值。《哈利波特》电影播放后形成了超级电影 IP，以 IP 的巨大影响力，共推出了 8 部哈利波特电影，同名图书的销售也高达 4 亿册，衍生的主题游戏价值超 10 亿元，同时还打造了多座主题公园。英国默林娱乐集团也打造了多个 IP 形象，如杜莎夫人蜡像馆的名人 IP、乐高探索中心、史瑞克冒险乐园的浸入式体验的 IP 场景等，依托 IP 形象构建的多个主题公园都取得了良好的发展。2016 年，墨林娱乐集团全球游客量达 6510 万人次。国内的华强方特集团，拥有熊出没等动漫品牌，从动画片到大电影，再到衍生产品，未来还将打造熊出没主题公园。华强方特集团在国内原创 IP 的产业化发展方面进行了有益的尝试，但在规模、影响力、关联产品开发方面，和国际顶尖 IP 相比还有很大的差距。

当大投资、大项目越来越多，如何吸引游客、打造独有的魅力、构建完善有内容的产业链条，形成可持续发展的产业体系，已成为国内特色小镇、旅游综合体、田园综合体、旅游目的地打造最需关注的问题。IP 在旅游业的应用已经超出主题公园的范畴，其形式也日趋多样。除了景区业的 IP 应用，酒店业的 IP 品牌，如景域的帐篷客、香格里拉酒店集团的 JEN、亚朵酒店、阿里集团的未来酒店等，已经形成了独有的特色和内容，在周边产品的开发方面还有非常大的潜力。

内容创造时代，开发原创性的高品质 IP，构建可持续的 IP 创新平台，吸纳更多的创新人士加入 IP 创新体系，并在 IP 基础上进行多元化的开发，打造以 IP 为核心的泛娱乐产业体系，将成为旅游企业发展的方向之一。未来，IP 的内容将不局限于文创，在体育、音乐、教育、旅游等众多领域及其融合领域，将会出现更多的 IP，成为消费升级背景下旅游品质和旅游体验提升的重要工具。

（四）提升消费品质的新品牌

80 后、90 后正成长为市场消费的主体，他们对个性化、多样化、社交化、舒适化、便利化的追求推动了旅游品牌的持续创新。旅游集团在加速内容、产品、服务创新的同时，不断推出满足细分市场需求的新品牌，以品牌创新引领细分行业的发展。并通过收购、新创等多种形式，不断推出适应消费发展潮流的新品牌。

1. 针对新住宿需求的住宿品牌

住宿业是近年来最为活跃的创新领域，在传统的星级酒店的基础上，品牌酒店、非标住宿蓬勃发展。针对不同人群的住宿需求，各层级酒店均出现了创新的住宿品牌，以新内容、新产品、新服务、新定位满足目标人群的住宿需求。当前酒店品牌创新主要集中于三个方向：一是针对特定人群的主题酒店；二是针对新消费需求的新内容酒店；三是与社区和生活相结合的生活类酒店。在中高端品牌创新方面，华侨城、首旅、盛高等旅游集团均在近两年推出了新的酒店品牌，并以不同的主题和特色塑造品牌的独有竞争力。华侨城酒店推出的"睿途"和"嘉途"酒店品牌，以文化为主题，将国内外的经典城市或文化场景作为设计灵感，纳入酒店设计中，重在提升酒店的文化品质。首旅集团引进"安岚"酒店品牌，是凸显设计的精品酒店。胜高酒店集团的"胜高·盛酒店"，是以轻养生为主题的酒店品牌。

针对新消费人群对田园、乡村等慢生活方式和环保、浸润自然美景的新住宿需求，开元、景域等旅游集团推出了乡村类酒店品牌。开元酒店集团推出的"芳草地乡村酒店"，是以生态度假为特色的乡村度假酒店品牌，突出人与自然的和谐共处。景域集团自2014年推出帐篷客酒店品牌后，又推出了"歌璞""歌遥""歌笙"三大乡村度假酒店品牌，打造田园生活特色的乡村旅游度假地。

将生活、社区与住宿紧密结合的生活方式类酒店品牌近两年也快速出现。除了亚朵、港中旅、锦江、如家、盛高等酒店集团均推出了融合社区和不同生活内容的酒店品牌。港中旅集团收购英国KGH集团后，结合市场需求和双方优势推出了"睿景"酒店品牌，将一流的酒店品质与时尚相结合，将"英国图书馆"引入大堂设计，满足住客对时下潮流、社交的渴求，同时提供个性化、高品质的住宿体验。锦江酒店集团收购卢浮酒店后，引入了"康铂"酒店品牌，将法国人的浪漫、时尚、社交引入酒店空间。如家推出的"如家小镇"，构建了多种生活功能的综合性服务设施，涵盖了食住行游购娱六要素的综合服务体系，以酒店为中心，为游客提供位于乡村的都市生活体验。"胜高·韵酒店"，则将阅读、咖啡、书店、商店等不同内容纳入酒店中，打造具有生活气息的特色酒店。

2. 针对个性化消费需求的定制游品牌

年轻人群对自我、个性、品质的追求，推动了定制游的出现。针对不同群体，如家庭、大众游客、商务人群、高端人士等不同人群的定制旅游广泛出现。定制游市场的高成长性吸引了众多企业进入，无论是传统旅行社集团，还是在线旅游服务企业均涉足定制游市场。中青旅推出高端定制游品牌"耀悦"，以深度体验的主题产品，为游客提供独特的旅行体验；众信推出的"奇迹旅行"定制游品牌，重在打造同好者的特色旅行，通过引入各领域的名家，为高端人群提供专业的定制旅游。

在线旅游企业方面，也形成了平台和专业两种定制游模式。携程多年前就推出了"鸿鹄逸游"高端定制游品牌，近两年则通过打造平台为定制游企业和人群提供服务。途牛网依托自有平台推出了"牛人定制"，马蜂窝、同程等均依托原有的平台基础涉足定制游市场。在线旅游企业以互联网和移动互联网为基础，将游客定制需求与线下的接待相结合，提供专业的定制游产品。在线类定制游中，主要有两类模式，一是由专业定制师或旅行达人为游客提供定制服务，如六人游为家庭小单位提供定制游服务，十方旅行则以达人定制为主要特色；另一类是用机器为游客提供定制服务，如妙计旅行、路书等。

3. 技术支撑下的新旅行品牌

在定制游需求之外，针对大众游客跟团游需求的跟团服务的创新，满足了游客品质化的消费需求，成为当下旅游服务创新的重要内容。美团推出的"美团旅行"品牌，将线上动态优化机制引入旅游线路中，通过平台筛选，将线下优质跟团游供应商与消费者进行线上连接，重在为年轻游客打造一站式旅游平台。携程上线的7×24小时"全球旅行SOS"App，针对出境自助游客的需求，可以通过携程的7×24小时应急支援服务人员，处理行中突发状况。同程推出的"同程专线"品牌，在大数据支撑之下，为游客提供更高品质、更优体验的优质旅游产品。未来，基于大数据剖析跟团游客的消费行为、消费心理和消费需求，将会推动传统跟团游产品的品质提升和体验升级。

（五）基于内容的新营销

互联网和移动互联网的快速发展和广泛应用，改变了人们接收信息的方式，传统的广告越来越受到排斥，内容营销已成为企业吸引和黏住用户不可或缺的营销工具。内容营销通过原创的优质内容，吸引消费者关注，并通过与消费者的互动交流建立彼此间的信任关系，形成黏性粉丝，使消费者产生自主购买动机。

在新消费时代，内容不仅仅包括软文、视频，还包括IP、直播、活动、影视剧、小说、综艺活动等多种类型。将品牌人格化，是内容营销的手段之一。通过人格化品牌内容，塑造有温度、有感情、有态度的品牌代言人，并通过"他""她"来传递企业的信息，使消费者在潜移默化中接受企业的产品并产生购买行为。香格里拉酒店集团旗下推出的"Hotel Jen"，打造了一位专业的酒店经营者Jen的人格化品牌形象，Jen热爱生活、旅行和探求新事物，提供真诚、高效服务，喜欢提供独特的文化和有趣的体验。利用人格化的品牌形象传递酒店的特征，更易于为住客所接受。影视娱乐 IP 是内容营销的重要手段，顶级 IP 自带流量，可以为企业带来巨大的客流。迪士尼、哈利波特等都是以顶级 IP 实现有效营销推广的典范。同时名人 IP、综艺 IP、影视剧 IP 等都以润物无声的方式成就了众多旅游营销的成功案例。如爸爸去哪儿、中餐厅、亲爱的客栈等高流量综艺节目带热的灵水村、雪乡、泰国象岛、泸沽湖等目的地。

内容营销正成为旅游企业营销的新路径。通过布局泛娱乐产业或联姻泛娱乐机构，加大对内容的生产。携程、途牛、同程、景域等 OTA 企业通过赞助热门综艺节目，利用节目内容和热度营销关联产品。同时，通过自制节目制造旅行热点，如携程合作电视剧和脱口秀节目，途牛推出的旅游真人秀节目，同程推出的网络剧，在节目内容中贯穿企业的产品、线路等，通过节目的口碑效应和内容渗透，提高营销效果。飞猪则从内容端入手创新产品和服务。聚合各种新奇有趣的玩法路线、心得游记，通过个性化手段有针对性地推送给有需求的用户。同时通过达人效应、粉丝活动、视频直播等互动内容进行旅游产品、线路的推广，实现良好的传播效果。

二、供给侧改革下的内容创造

（一）作为生活方式的旅游新业态

在新消费时代，旅游正由传统的风景体验转变为生活体验，旅行即生活正成为当下旅游发展的重要理念。从旅游发展的趋势看，当散客占到国内游客 96% 的比例时，游客的旅行轨迹已经超出了传统的景区、酒店范畴，浸入到目的地城市生活的各个角落，游客与目的地居民共享城市的设施和服务。交通的进步也正在让游客的旅行圈子不断泛化，当航线越来越多，高铁速度达到 350 公里 / 小时，游客的出行范围和半径不断扩大，旅行作为日常生活组成部分的概念不断强化。2017 年，特斯拉的创始人伊隆·马斯克提出了 Space X 超级火箭计划，以超级火箭代替飞机旅行，一小时可达全球任何地方，如果这一计划可以如期实现，全球作为一个地球村的概念会更加凸显，生活即旅行将更加落地。

在旅行即生活的发展新时期，旅游企业的发展也急需从观念到行动的转变。将生活的内容、生活的场景、生活的方式纳入旅游中，为游客提供高品质的旅游生活体验已成为旅游企业产品开发和服务提供的重点。住宿业、泛景区业、旅行社服务业、交通业均在进行着相应的创新。

1. 生活方式型酒店

将生活的需求与旅行的住宿紧密结合，为游客创造出既有居家生活般的舒适、自然、便利和社交功能，又更具文化、品质和时尚的新型住宿。将生活的内容、场景和方式融入酒店，打造出与传统住宿所不同的新空间。亚朵酒店将住宿、摄影、阅读融在一起，打造生活方式酒店。亚朵酒店将大堂的空间开辟为阅读的空间，同时也可以是朋友交流的空间，并以摄影爱好者的城市摄影作品装饰酒店的公共空间和房间，形成摄影交流的圈子，游客在居住之余，可以将常态的阅读，摄影的交流融入旅行生活的空间，重塑了酒店的形象。同时，亚朵也在积极探索"房+×"战略，即从酒店、公寓等住宿空间切入，延伸到出行、旅游、美食等各种生活场景。亚朵酒店自2013年成立至今，已在全国110个城市开业148家酒店，签约408家，为其旗下超过600万会员提供了丰富多元的住宿体验。三里屯的CHAO酒店则将艺术中心和联合办公空间引入酒店，将酒店打造为新生代消费群体交流艺术，分享工作，实行品质生活的平台。生活方式型酒店正成为酒店转型升级的一个方向。

2. 体现异地生活方式的目的地

游客对旅游的热爱正从过去的景区转向旅游目的地，吸引游客的不再是单纯的风景和遗迹，还有目的地城市居民的生活方式，当地文化、习俗以及城市的品质和个性。目的地的度假氛围、产品丰富度、服务细节、文化吸引力、居民态度都会成为影响游客需求的重要因素。乌镇从传统的景区转型为综合性的度假目的地，得益于浸润其中的乌镇休闲方式，异于城市的小镇生活体验，以及戏剧节、艺术节等浓郁的文化氛围。源于生活，又高于生活，将是未来景区发展和目的地建设的重要方向。尤其是特色小镇的建设得如火如荼，但无论建筑物建设得如何高端大气，能最终产生集聚效应的，始终都应该是有生活、有产业、有温度、有烟火气的内容。

3. 有生活温度的书店

当旅行与生活日渐交融，作为城市生活组成部分的特色书店正成为新的旅游吸引物。新生代对自我提升的重视和精神层面的追求，令书店这一单一的文化场景有了更加多元、立体的形象，蕴含于书店中的本地文化、本地生活方式，进一步强化了书店的吸引力。台湾的品诚书店一直是台湾最具吸引力的标志性地点之一，也是游客去台湾会到访的地方。融合了音乐、书店、服装、餐饮等多种业态的品诚书店，不仅是书店，更是集中展示了台湾的生活方式。国内的钟书阁、言又几等，同样以高颜值、高品质、多业态的内容成为另样的生活方式书店。言又几将书店、创意商品、咖啡、餐厅、艺术空间、创意商品等融于一体，将书店变成了文化艺术中心和生活体验中心，让书店这一传统业态变得时尚、炫酷和有趣，传递出浓浓的生活味道。书店作为当地人的文化场所，也成为外地人探访当地文化时的重要体验地。

（二）消除行业障碍的新服务

积分兑换中介服务。积分消费是企业为了吸引忠诚顾客，激发顾客在企业的持续消费行为而推出的奖励计划。当前积分消费已经涵盖了航空公司、酒店、在线企业、银行、电信、零售等众多行业，但相对封闭的企业积分因顾客积分有限且过于分散而沦为鸡肋，激励效果也大打折扣。营造多元、丰富的消费场景，构建积分互通兑换平台，打通积分消费的跨行业障碍，实现多家企业、不同行业企业间的消费积分互积、互兑，实现交叉获客，激发用户的消费积极性和企业黏性，成为积分消费领域创新的主要方向。当前积分消费平台主要是两类，一类是以众多企业联合加入的积分联盟，用户在该体系内的所有企业消费，均可累计积分，在平台兑换；另一类是积分交易、交换平台，用户可以某企业的积分兑换其所需要的其他企业的积分，平台只为用户的互换交易提供交易渠道，并不干预用户间的交易，是一种 C2C 的模式。前者如加拿大的 AIMIA，已经成为跨越五大洲的积分集团；后者如 points，提供全球超过 100 家客户忠诚度计划的积分、里程的互换与在线交易。

当前，积分获取的途径不断增加，在线消费的场景日趋扩大，积分价值更被赋予了货币的意义，打通跨行业、跨企业积分，构建积分互兑互换的积分平台模式，是解决消费者积分的行业障碍，优化消费体验和消费者黏性的有效手段。国内在消费积分平台打造方面，已经出现了万里通这样的电子商务网站消费积分平台，但仍缺乏能够将游客旅行中的消费积分，包括酒店、航空、火车、在线交易平台、评论平台等众多旅游企业的积分整合的积分服务企业，这一方向的服务创新仍需突破。

（三）引入社区功能的新产品

当旅游越来越成为一种生活方式，与日常生活密不可分的社区也成为企业创新重点关注的区域。社区作为旅游生活的一部分，不仅可以为游客在旅游目的地的体验提供本地化的内容，同时，社区居民本身也是旅游企业服务的重要对象。社区参与可以优化并提升游客在目的地的体验品质,为游客提供更好地融入当地居民,了解当地文化、民俗,浸入当地生活的体验。2016年,Airbnb推出的"trips"平台,就是依托周边社区,为住宿的游客提供由当地居民和文化达人所推荐的本地化活动和餐饮等,以此帮助游客深入探索当地社区,更好地了解旅游目的地,同时,也通过游客参与社区组织的活动,主动回馈社区,形成主、客之间的友好、良性互动。依托社区所提供的体验(Experiences)产品,会提供诸如"京剧背后的故事""小笼包的力量"等本地化生活体验。同时,Airbnb开始打造"社区中心",即自建可供游客住宿的房屋,并将其作为社区居民、游客会面的地点,让社区居民来招待游客,让游客在目的地更好地"生活",通过当地人的陪伴和参与,进一步深化游客的本地化体验。

旅游的社区化发展除了让社区居民更好地参与到游客的本地化体验中,还包括为社区居民提供更多的旅游服务,发掘旅游企业的社区功能。锦江集团已在探索酒店与社区共享的新酒店模式,提出要将酒店的功能对社区开放,为社区居民提供娱乐休闲服务。旅行社和OTA企业将门店布局到社区,为社区居民提供更加细致、周到的旅游咨询服务,同时,也将门店作为社区居民交流的重要场所。

三、技术支撑下的内容创造

(一)创造新内容的AR/VR

虚拟现实技术(AR)和增强现实技术(VR)正成为旅游界以科技推动内容创造的工具之一。AR/VR与旅游的结合,不仅创造了全新的旅游内容,同时也为游客提供了更加新鲜的旅游互动体验。AR/VR正成为主题公园和泛景区创新的重要方向。迪士尼、华侨城已经将AR/VR用于主题公园内体验项目的开发,如上海迪士尼的加勒比海盗和华侨城欢乐谷的飓风要塞互动剧场。加拿大魁北克的"幻光森林"更是借助AR技术,将虚拟动物与自然森林融为一体,打造出夜晚独具魅力的灯光森林。The Void、Zero Latency等以VR技术为核心打造的主题公园,通过可穿戴设备以及灯光、气味等特效,可以为游客提供仿真的体验空间。

AR/VR不仅是内容创新的工具,同时也正成为景区、酒店游客线上体验的重要方式。携程的"Easy住"战略,将VR技术引入住客选房环节,客人可以提前了解室内外设施，选择自己心仪房间的位置。海昌、宋城、故宫等众多旅游景区也借助 AR 技术为游客提供沉浸式的视觉体验，更多景区将 AR 用于企业的营销，在线上推出景区的 AR 视频，使游客在去景区之前，可以借助科技更好地了解景区全貌。从长远看，基于 AR/VR 的旅游会成为未来旅游企业创新发展的方向之一，在内容创造、互动体验、市场营销等领域将有更多的应用。

（二）引领旅游发展的人工智能

人工智能正成为改变未来的重要技术，也成为互联网企业加速布局的重要领域。百度董事长李彦宏提出，人工智能是互联网下半场的成长动力。基于对人工智能技术的看好，百度在百度大脑、无人驾驶等领域已经进行了布局。阿里巴巴则在智能聊天软件 AI 的基础上，推出人工智能 ET，全面探索视频图像识别、语音合成、交互、计算、预测等功能。腾讯也成立了 AI 实验室，并围绕文本、图像、语音、视频等内容开发产品。

从旅游发展看，人工智能的发展将会极大地提升游客的旅行便利程度和旅行体验。人工智能可以基于游客的需求、偏好定制产品；可以基于游客的历史消费信息，为游客的旅行提供针对性的营销；可以为游客提供更加丰富的内容、更有趣的体验以及更简单的交互。国内旅游企业在人工智能应用方面已经进行了积极的探索，携程在已有的呼叫系统中使用了客服机器人，同时推出了"小诗机"。马蜂窝成立 AI 事业部，并计划推出智能旅行机器人。

虽然旅游领域的人工智能应用仍处于非常初级的阶段，随着技术的成熟和研发的深入，围绕游客出行前的搜索，信息获取和预订，出行中酒店入住流程的简化，景区游览时的语音导览和语言翻译等，人工智能都将发挥重要作用。在提升游客的体验以及出行的便利性方面，人工智能将会发挥更加重要的作用。

第五章　以生活与创新引领旅游内容创造

人民日益增长的美好生活需要与不平衡不充分的发展之间的矛盾在旅游业的具体体现，就是游客对高品质、个性化、特色化、多元化、便利化的旅游产品和服务需求与旅游供给的相对不完善之间的矛盾。当前，旅游企业间的竞争正由资本、渠道转向内容、产品和服务本身。当越来越多的游客深入到目的地城市的每个角落，目的地的生活方式正成为与封闭式景区迥异的新内容并成为旅游的重要吸引物。旅行即生活。那些目的地的空间、场所、内容以及融入其中的社会百态，是游客异地化生活体验的核心，也是旅游企业未来创新的重要方向。

一、政府：营造内容创造的良好氛围

（一）营造内容创造和产品创新的良好环境

政府支持企业的着力点是全力为企业打造良好的、有利于创新的市场环境和政策环境，推动市场创新主体的成长。要为企业的新产品、新服务、新内容的创新提供更加包容、更加宽松的环境，允许企业在条件不完善的情况下，先行创新，在发展成熟后，进一步规范。对于市场主体和市场需求的变化，政府要具备灵活调整的能力，以及预判能力。提前预判企业创新的需求，对不符合市场主体发展需求的、已经落后于时代和产业的法规文件及时更新。在制定法律法规及相关政策时应有前瞻性，充分预测未来的发展需求，为企业的创新发展预留空间，避免对企业创新进行不当限制。建立以企业为核心，产学研紧密合作的机制。

（二）对内容创新给予多方位的资金支持

发起设立、鼓励企业发起设立各类激励企业内容、产品、模式、服务创新发展的专项基金，鼓励企业加强对新产品、新内容、新服务、新模式、新技术应用方面的创新。为企业的内容创新提供专项资金支持，引导企业将发展的重点转向产品和服务等企业发展的根本上来。通过科研项目立项等方式鼓励科研部分围绕内容、产品等方面的创新研究,并将研究成果与企业的发展相对接,实现科研对企业发展的引领和支持。引导企业、科研机构、大专院校等采取合资合作、技术转让等形式筹集创新资金。通过搭建公共技术研究平台,提高整个行业的创新能力。

(三)打造开放型城市,传递城市的幸福生活

旅游内容创造,不仅需要有良好的政策环境,同时也需要锐意创新的土壤。地方政府应积极完善本地的旅游基础设施和公共服务,在全社会营造一种开放、包容的社会环境,积极鼓励不同层级、不同主体的创新。要将城市打造为游客与市民友好共享的生活空间,让每一位来访者都可以尽享目的地的生活,让每一位市民都可以成为城市生活的最好代言者,传递城市市民的幸福生活状态。只有在开放、包容的目的地环境中,企业的创新才有发育、成长的土壤。

二、企业:从技术、平台驱动转向市场驱动

当前,旅游市场供给日益丰富,旅游投资额度不断提高,技术对产业发展的动力已经有效发挥,渠道红利逐渐消退,旅游企业的发展到了回归市场的新时期,企业需要将创新的目光更多地投向游客日益升级的消费需求,为游客的多样化需求提供针对性的产品和服务,并以此作为企业持续发展的新动力。

(一)大集团:加强产品研发,引领产业发展

旅游集团有责任,也有能力通过内容创造和品质服务,不断满足现在的需求,不断创造未来的需求,并以时尚引领旅游和社会生活的未来。旅游集团应成为产业创新的引领者,承担起行业创新的重担。要主动设立研发部门、数据库、实验室等,加强对新内容、新产品、新服务等的研发。同时,对于引领未来发展的新技术也要积极投入研究,如 AR/VR,人工智能等,要通过主动、超前的研究,不断树立旅游集团在新技术应用领域的领先地位,引领全球旅游产业的发展。当前,国内外大型旅游集团均不断加大对创新的投入,万豪酒店集团设立"快闪"酒店创新实验室,缤客启动创业加速器计划,港中旅、锦江等集团均有独立的研究机构,携程、同程等 OTA 企业将研发作为企业的核心竞争力,旅游集团在创新研发方面的重要性不断彰显。

在加大研发创新的同时,旅游集团要针对旅游市场痛点,进行内容创新,

积极引导需求。要把握国民大众需求市场的变化，为国民大众提供与之相符的产品和服务。旅游已经从过去少数人享有的奢侈消费转变为日常生活的组成部分，成为寻常百姓都享受得起的生活服务品。作为常态化的生活方式，游客在旅游目的地的需求也更加多元化，他们会全面融入旅游目的地的生活空间中，在观光之余，购物、娱乐、民俗体验、休闲放松等都是游客的日常需求。不同社会阶层对旅游的广泛参与，其需求也各有差异，要求旅游目的地和旅游企业能够为游客的需求提供种类更加丰富、覆盖面更广、体验更深入的旅游产品和服务。要对游客需求进行更加深入的研究，要针对不同收入水平、不同年龄阶段、不同消费习惯的游客需求，提供不同价格、不同内容的多样化旅游产品和服务，满足不同消费人群的个性化消费需求。在满足游客自在旅游的基础上，进而让游客享受高品质的服务水平。

要积极推动内容的产品化和可视化，将无形的内容以多样的载体、不同的展示形式展示出来。要将内容转化为可供游客消费的产品，可供游客体验的服务，以贴近游客生活的形式提供给游客。要将品质生活产品化和项目化，用有形的产品和项目，实现游客对品质生活和品质旅游的感受和体验。

（二）中小企业：积极把握市场发展趋势

由于自身条件的限制，中小企业对技术投入和产品研发的未来预期很难把握，因此，当现有一些项目能够使资本快速增值时，中小型企业就缺乏了积极创新的动力。中小企业要摒弃这种依赖思想，树立长远目光，认识到创新的重要性，从企业实际出发，做一些力所能及的产品和服务上的创新。中小企业要及时把握市场发展趋势，摒弃"不想""不愿"或者"不敢"创新的现状。同时，中小企业可以通过与行业协会、行业组织、科研机构合作，及时了解、把握当前及未来市场发展的趋势信息、技术发展的最新情况、市场需求的最新动向，不断提高中小企业对未来发展趋势的把控能力。小微型企业应该有方向感，要懂行业发展的方向、要了解国家关于行业发展的最新政策、要及时了解大型旅游集团及独角兽企业的新的做法，保证发展方向不偏离产业发展的趋势。

三、社会各界：积极服务企业的内容创新实践

（一）行业协会：积极支持旅游企业的内容创造

行业协会是市场经济的一部分，更是市场不可缺少的运行机制。协会为企

业服务，是创新体系的重要组成部分，是联系企业与市场之间的纽带，是科技成果商品化、市场化的桥梁。协会要积极为企业搭建创新服务平台，及时掌握行业最新信息，并通过收集行业信息，组建资料库，节省企业创新成本，避免重复建设。行业协会应通过专业的研究、专业的报告，及时给出产业发展的新动向、新趋势，为企业的内容创造和产品创新提供行业指导和创新支持。同时，充分发挥协会沟通、协调的能力，及时沟通、协调和处理业内各种问题，促进行业自律，保护知识产权，促使行业健康发展，营造公平有序的竞争环境。

（二）学术界：以学术研究服务企业实践

学术界是旅游企业内容创新的理论支持者，同时也是产学研合作的重要组成部分。学界和研究机构应紧紧把握市场需求变化和企业内容创新的需要，将学术研究与行业发展实践紧密联系在一起，既要收集市场、产业和政府管理方面的数据，国内外旅游发展方面的比较数据，更要有学术的洞见力，学会并善于把握市场趋势、预见产业的未来。

要加强国内外内容创新成功案例的研究，为旅游企业的创新提供案例支持。要建立国内外企业在内容创新、产品创新的案例库，特别是建立典型企业案例库，借助他行业的创新，为旅游集团的创新提供思路上的指导和经验借鉴。在总结国内外不同行业企业创新的成功经验的同时，更要善于找出存在问题，为我国旅游企业的创新提供经验借鉴，避免旅游企业走弯路。加强对国内外旅游各领域领军型企业的新产品、新内容、新服务的研究，总结经验，为旅游企业的创新提供直接借鉴。

建立创新理论科研和教育支撑体系。在创新观念的树立、创新路径的选择、创新模式的推广等方面，要主动联合国内外旅游组织，如世界旅游组织、世界旅游业理事会、世界经济合作与发展组织等，积极开展研究合作，充分借鉴国外旅游企业的创新经验，逐步建立起旅游企业创新研究理论体系。高等院校要加强和旅游企业合作，加强旅游需求预测、产品开发等方面的理论、模型、案例研究，为旅游企业的创新提供理论支持和发展预测。

加强创新型旅游人才培养，支持旅游企业的创新发展。我国传统的教育模式在一定程度上限制了人才的创新能力。教育界应重新审视行业发展对教育的要求，根据新时代对人才的需求，重新审视修订教育教学体系，调整专业和课程设置，加强对学生创新能力的培养，着力培养具有创新能力的人才。同时，对于专业设置要有超前性和预见性，要针对未来的发展趋势提前进行从业人员的专业培训，为旅游企业的创新发展提供及时的人才供应。

第二编

2017 年中国旅游发展论坛实录

圆桌论坛一　内容创造引领品质生活

主持人：中国旅游研究院院长　戴斌
嘉　宾：巅峰智业创始人　刘峰
　　　　联合国世界旅游组织专家、华宜启明东方董事、总裁　马克
　　　　中图旅信（北京）科技有限公司 CTO　甘国华
　　　　景域集团董事长特别助理、目的地运营集团副总裁　易辉
　　　　中国电信云计算公司大数据事业部副总经理　李承东

戴斌：我刚才看了一下嘉宾构成，这一场圆桌论坛的嘉宾是最年轻的，每个人都像马克导演拍的《芳华》一样，英气勃发。我们今天的主题是"内容创造引领品质生活"，我想先请教易辉总，作为旅游目的地的运营商，您觉得需要什么样的内容创造才能达到广大游客对品质的诉求呢？

易辉：感谢院长。我是景域集团的，戴院长刚才宣布旅游集团20强名单，景域集团已经连续五年进入这个名单，而且今年进入了前10强。景域集团在IP构建上，我们是第一个在业界内提出"旅游IP论"的。洪清华董事长这几年非常关注旅游IP的打造。景域集团在三个方向上做了一些IP的研究工作。我们创建了渠道IP、服务IP以及产品IP的这样一个IP矩阵。今年成立了国内第一个IP研究院，并推出了IP经纪人，以及"IP100计划"，还有建立驴妈妈旅游网的IP矩阵。

戴斌：景域这些年服务于地方旅游发展，虽然提起景域很多人不一定了解，但提起驴妈妈大家都会了解，所以景域在做内容植入的时候，IP怎么出来的？刚才在演讲中我提到，将来能够和在座的旅游集团进行竞争的绝不是我们，而是坐在会场后面角落里的年轻人，是会场外的年轻人，他们依靠的是未来而不是现在。据我所知，景域集团是以年轻人为主，您作为老总如何领导80后、90

后甚至95后年轻人？他们会给您思想启发吗？你们在做IP概念的时候，是董事会一起开会，大家头脑风暴想出来的？还是生活当中观察出来？

易辉：我们公司的平均年龄是26岁。我们当时做"帐篷客"品牌时，第一家选在安吉。"帐篷客"对于选址的要求非常高，"推开窗就是世界唯一"，这是基于驴妈妈的数据平台得出的。当时我们通过研究发现，80后、90后游客去一个目的地不是为了所谓的豪华五星级酒店，而是留恋于美好风景，并且很享受这个。

戴斌：简单来讲是满足需要，仅仅靠风景是不够的，有风景还需要有品质生活，谢谢易总分享，一会再继续聊。

既然年轻人主导未来的品质生活，企业也需要。今天在座的各位有做科技的，有做民间智库的，有搞文创的，我想请问一下，如何帮助像易总这样的运营商，把品质搞起来？这个问题请教一下马总，马总大家可能不熟悉，但提起这两天正在热播的电影《芳华》大家肯定都知道，这是马总公司出品的作品，请马总讲讲。

马克：在座诸位看过华谊兄弟电影的，举下手？大部分人都看过，谢谢。非常感谢戴院长邀请我来中国旅游论坛说两句。因为在座的诸位领导有很多是老朋友了，洪总、还有刘峰总都是很多年的好朋友。今天戴院长说了个很有趣的话题，就是到底需要什么样的IP？我觉得是中国旅游业的三个变化导致了IP的变化。

第一是出境游的变化；第二是异地游的变化；第三是传统观光游向休闲度假游的转化。这三个方面的变化使IP发生了重大变化，祖国山河美不美全靠导游一张嘴的时代已经过去了，现在老百姓的需求变化了，所以对于IP的诉求也变了。华谊正在做一个产品——"华谊兄弟星剧场"，这个产品是文化、旅游、商业、演艺综合体。大家一听这个会觉得比较复杂，在这个将近10万平方米的综合体中，由五六万平方米的广场、两三万平方米的体验型演艺和两三万平方米的体验型商业所构成。我们希望它能满足老百姓的综合性旅游需求，用文化IP来撬动旅游和休闲娱乐，游客在这里能够停留4~6小时。这个产业IP就是倒逼出来的。

前几天吕克·贝松导演执导的大片《星际特工》，这部电影好就好在出现了32个场景，有海底世界、最美星空等，为什么会有这些内容？这部电影在策划时用全球最大的市场调查公司调查了5万3千个样本，根据人们的期望、需求创造出场景，希望电影能吸引到目标人群。现在文化进入了这样的一个时代了。

戴斌：马总，本来想听您多说电影和文化的，但听您讲旅游比我还懂，让咱们聊一下电影的事吧。前几天看《芳华》，我们这个年龄段可以看出电影是对过去的回忆，有人看出的是情怀，有人看出的是反思和批判。我问一个年轻女孩，"你怎么看"？她回答说黄轩在电影上比在电视上好看多了，不同年龄段的人对电影的关注点不同。我想请教一下马总，现在真的是进入颜值决定一切的时代吗？

马克：我们主要考虑现在90后、00后甚至10后的需求，就像您说的他们是我们的未来，是未来的消费主体，我们根据他们的需求来做产品，我们叫作"粉丝经济"。比如说华谊现在一个明星，我不说是谁，他的签名字体，可以下载到您的手机上做成您的签名字体，这个产品有很大的粉丝群，一个字体6块钱，每天仅这一项的收入就将近100万元人民币。

戴斌：刚才说了这么多，我们有这么多的明星，据我所知华谊旗下据说有一千多位明星签约，中国的明星一半都是华谊的，我想问一下如果你们想做电影小镇，是帮助景域或者帮助其他的公司做，还是说你们自己直接做旅游？

马克：我刚刚讲到的，是我们一直把"华谊兄弟星剧场"这个产品，定位成中国文化、旅游、演艺、商业等综合体的内容供应商，我们是服务于洪清华总他们的。

戴斌：这个很关键，我如果是易辉总，我会想你们是跟我竞争还是跟我合作呢？

马克：华谊兄弟现在做的事是垂直化，我们最专业的是文化产业，所以我们跟大家相比，旅游不是我们的优势，我们的优势是把文化线下化。我们是内容供应商。

戴斌：所以你们和易辉总是合作者，是这样吧。

马克：对。

戴斌：刚才我们谈了文化和电影，很柔软，也很有情怀，下面我们再听一点硬科技。我们的嘉宾中还有来自中图旅信科技有限公司的甘总，我对"科技"两个字很崇拜，因为我学文出身。我想问一下甘总，科技如何提升美好生活？

甘国华：刚才听了两位老总的发言，我非常赞同这个想法。我们是一家科技公司，应该说是服务于IP的平台，为了简短介绍我们的IP，我这里带来一个视频，大概两分钟，是不是可以给大家播放一下？

戴斌：两分钟可以，但不能太长，我们一起看一下！

（播放视频）

戴斌：谢谢你的视频分享，请介绍下区块链到底是什么？

甘国华：区块链可以用一句话解释，就是一个承载多方共识的网络平台。它用到旅游当中来，可以认为是对我们各位老总 IP 的保护，或者是这种现实的网络监管。我们不是做 IP 的，我们做 IP 的保护者、流通者和桥梁，是这样一个平台或者说是一个基础设施。

戴斌：我们还是以案例来解释吧，首先确定你们是和旅游企业是竞争者还是合作者？

甘国华：我们是服务于旅游企业的。

戴斌：那可以谈了，竞争者就不好谈了。你们是服务者，那您告诉我旅游企业的痛点是什么？怎么服务他们？

甘国华：一个好的 IP 能不能被旅游消费者使用就需要有这样一个桥梁，我们区块链网络搭建就是这样一个可信的桥梁，把我们各方，不管是在场各位企业的 IP 还是其他企业的，用这种桥梁把 IP 推送到旅游消费者的手中，搭建一个景区、旅行社，旅游服务 IP 提供商到旅游消费者之间的网络桥梁。

戴斌：不知道大家听的怎么样，最好能将专业名词通俗表达，但是我基本上听懂了，为了让大家更容易理解，我们找一个跟您差不多的李总，来自中国电信云计算公司大数据事业部的李总。李总您怎么看待区块链技术，能不能用您的语言翻译一下。

李承东：感谢戴院长的邀请，能有这个机会和大家在论坛上进行分享。大家可能很意外，旅游论坛怎么会请来一家通信企业呢？我先介绍一下，中国电信一直和中国旅游研究院、国家旅游局合作，为每年的长假，包括国庆节、端午节等节假日作旅游出行大数据的统计报告，我们一直充当着一个数据提供者的角色。回到戴院长的主题上来，作为电信运营商，我们对旅游产业的发展起到一定的辅助作用。换一个角度来想，我们每到一个陌生、充满美感的旅游景点，我们经常会想到安全问题，当你手机拿出来，有通信信号的时候，我相信每个人心里这块安全石头就会落下来，这是基础运营商实现的。第二点我们为什么能旅行这么远？正是因为国内有高质量的网络，以及 SP 和 CP 业务。基于此，才有可能让我即使没有去过某个地方，也可能获得关于这个地方的全部信息，为个人以后的出行构建一套完整的计划。正是以上两点，保证我们旅行的距离越来越远，能走的地方越来越多。

回到刚才讲的主题区块链。区块链来自创世论文，大家可以回头翻一番，作者叫中本聪。区块链的本质是去中心化，实现共享和共同决策。提到区块链，大家会想到比特币，还有就是合约记账。我不太了解旅游区块链做的什么内容，但是这种去中心化、分布式、相互交错记账方式有助于一些历史记录的记载和防篡改。举一个简单的例子：今天，我说我来参加大会，在苏州新城花园酒店，如果在座的各位每个人在我的记录上都盖上自己的私名签章，承认我来过这里，未来查证这件事情时，我如果要推翻这个记录，就要要求所有人反悔这件事，这个难度太大，篡改的概率很低。

戴斌： 这个很有意思，到新城花园，我们500人都跟你背书说你来了，将来找这500人说你在，这个跑不了的。但如果500个人一起说没有来怎么办？

李承东： 这就是我要付出额外成本，因为我做这一条记录一定有它的价值所在，但是我要让500人都反悔就超出了价值本身。

戴斌： 您刚才说了去中心化，这个问题能不能解释一下。

李承东： 比如账单的记录存在所有500人手里，不存在超级机构存着的记录。

戴斌： 也就是说，如果我权利比你大，我说值多少钱这是权威化；区块链不是一个人说了算，是500人一起说了算，对吧？

李承东： 对。

戴斌： 过去音乐家参加青歌赛，参加"五个一"工程比赛，而现在音乐人参加的中国新歌声，都是由观众自己投票选择，这个是不是叫去中心化？

李承东： 其实这里面有一些差别。以青歌赛为例，本质上每一个选票的分值是一样的，但是如果区块链进入，每个人在其中的平等性是一样的，每台电脑记录了这件事以后回车确认，以后不可更改更不可逆，而且你和我是对等的。

戴斌： 我差不多搞清楚了，希望大家多学一点科技知识。作为科学家来说就是希望多做一点科普，用通俗的语言，就像小时候看《十万个为什么》一样，现在没有人写了，都写《十万个冷笑话》了。这个不行，希望通过科普提高国民科学素质，谢谢您给我们的解释，找时间我跟您学习一下，如果法律允许的话，我买一个矿机挖挖比特币去。

我注意到除了我之外大家都没有打领带，好像做企业的都不愿意打领带，刘峰博士跟我一样，原来是做学问的，自从到企业当总顾问以后把领带去掉了。

想问一下刘峰博士，您作为理论研究者，又是把智慧和产业实践结合得非常优秀的企业家，您怎么看待当前消费趋势的变化？

刘峰： 刚才讨论到IP问题，我也想简单地补充几点：第一点，IP确实是创造美好生活的重要内容，也是引领品质旅游的有效利器。第二点，IP现在也有很多误区。例如把它神话、迷信化，凡事都要说IP，好像没有IP不知道旅游怎么做了，但是我们知道中国旅游产业40年，我们也有很多成功案例。IP确实是很好的外衣和外套，但是真正的核心还是怎样让游客有一种差异化的、与众不同的体验。就像刚才王燕总讲的迪士尼这种很经典的案例，怎么做到故事化，就是用情节、用主题传达价值观，将原创性的知识产权转化为知识财产。而且迪士尼非常注重沉浸式体验，一定要有场景和氛围来营造这种不一样的体验。另外很重要的就是运营，这个也是不可或缺的服务，有了运营才能够把外衣和内在的内容真正做到位。所以第三点就是好的IP要做好，需要对IP有一个更加全面的、科学的、精准的把握。

刚才戴院长问到了对旅游消费趋势的判断，我想总的大趋势就是还处在消费升级的阶段。过去可能是解决了温饱，解决了耐用品，然后再解决了住和行，现在确实越来越关注健康和快乐。最近马云和虞锋创办的云峰基金成为我们的战略投资人，他们非常关注"两H"一个是Happiness，一个是Health，他们认为两个H是叠加和融合的。这样的背景下，我们可以看到旅游越来越进入大众化出游的深化阶段，也越来越回归生活化。戴院长一直很有情怀，又很有温度地在阐述一系列主客共享、品质旅游的概念，我想这也符合发展的趋势。所以个性化、差异化、品质化都是未来趋势，而且会越来越和AI这些新的技术深度融合。所以我们对未来非常看好。

戴斌： 我问一下易总，您觉得刘博士这话对您有启发吗？

易辉： 刘总是我们行业的前辈了。听完刘总的话，我想再补充几点对IP的看法。首先IP是自带强大的势能，具有很强的关联性，有深入人心的符号。IP不是吉祥物，迪士尼虽然很强大，但是巴黎的迪士尼是不赚钱的，这两年香港的迪士尼也不赚钱。但是日本的迪士尼从开办到现在每年都具有强大的盈利能力。迪士尼在上海落地的时候，米奇是穿唐装的，迪士尼在非美国的国外要想获得成功，它的IP要结合当地的文化进行创新。

戴斌： 迪士尼当然很优秀，景域有没有自己原创的IP？

易辉： 我们做的"安吉三宝"，笋干、茶叶、土鸡蛋，我们用人格化塑造这个形象。我们土鸡蛋叫"咯咯哒蛋",蛋是咯咯哒鸡生的蛋,所以叫咯咯哒蛋,赋予人格化的魅力形成IP。

戴斌：文科、理科的语言系统不一样,大家一起聊聊很有启发。我再问下马克总,华谊现在积累了很多自有知识产权,拥有这么多明星,未来版权能不能自动转化成产品?在转化成产品的过程中你困惑的是什么?

马克：刘博士说的我特别同意,IP现在有以下方面问题,第一个是IP的落地化,我们总说IP落地、落地,怎么落地呢?我说一个华谊的经验,大部分人知道文化产业就是把一个虚事逐渐做实,这个是很不容易的。我刚才说我们的产品都是倒逼出来的,全是算出来的,我们先看看旅游者在四个到六个小时需要的是什么,因此就有了演艺。我们的演艺跟传统演艺不一样,大家知道我们叫"永不落幕,行走的大电影"。这主要发挥华谊的优势,因为我们是拍电影的。不是我们台上演,观众台下看形式,我们希望所有旅游者跟我们参与,就是沉浸体验式,深度融入的方式。第二我们把华谊明星,还有普通的身边文艺工作者变成IP提供者。比如我们有三大男高音录音棚,戴玉强他们三个人录制一首歌的时间需要15分钟,我们为普通的消费者也提供15分钟的专业的百姓录音棚,让他们可以体验顶级歌手的录音过程。

戴斌：我想问一下我们从文化事业到文化产业转化,企业准备好了吗?

马克：我举一个例子华谊是怎么转化的。我刚才讲,我们想在剧场前厅设计4万~5万平方米的体验型商业,别人还在说的时候,华谊就已经做成了。

戴斌：谢谢,我相信在本土IP转化方面你们可以探索出一条"华谊之路"。我们谈的所有这些问题,就是希望今天有搞文化、搞艺术还有搞科技的在一起聊,我们做企业,方向明确以后再往下一步走的时候,当时尚情怀遇到商业时,我记得吴总在同程的时候,他说过一段话——既要凸显情怀又要发现逻辑,我们光有情怀是不够的。所以有人说院长这个文章挺有情怀,我毕竟受过完整的经济学训练,如果我写文章都是鸡汤就不行了。前两天有人把我文章放到作家网上去,我也很痛苦,我更希望就像这两条鱼一样,上面是红颜色的鱼,红颜色鱼很有灵性、很有激情,相当于我们的情怀,我们要谈很多国家战略、民生、老百姓的需求以及年轻人的追求。可是我们也需要绿颜色的鱼,这个鱼在下面,可能看起来不那么夺目,但是支撑这条鱼往前走的是什么?是商业逻辑。我们有一个项目,需要商业把这个项目变成故事和产品,进而进入老百姓日常生活当中才行。

电影行业非常夺人眼球，那天我和电影行业的人交流，我问电影票房一年有多少？他们回答550多亿。我们旅游行业没有那么多的大明星，都是年轻人在这里辛辛苦苦端盘子，洗碗给会场做服务，但我们一年的产值是5.4万亿。这是个蛮有意思的话题，东西发生巨大变化的时候，后面一定有很多步骤穿起来，形成商业模式和产业发展体系。

所以我希望未来的日子里，我们能够有更多文化、科技方面的企业和人才进入到旅游业，一起把老百姓对品质旅游生活的需求实在化，我们既要讲究情怀又要建构逻辑。

由于时间关系，论坛一就到这里。

谢谢各位的参与！

圆桌研讨二 住宿业与内容创新

主持人：中国旅游研究院产业所所长　杨宏浩
嘉　宾：蜗牛景区管理有限公司创始人　徐挺
　　　　久栖精品度假连锁创始人　阿狼
　　　　多彩投合伙人　周海斌
　　　　斯维登集团市场及公关总监　姜雁

杨宏浩：感谢各位嘉宾、朋友。上午杜局长在讲话中提到，主题酒店、精品酒店、精品民宿等住宿业态正在掀起一股创新的风潮，他们以内容创新为核心，以提供高品质的产品来引领大众生活的新方向。当前大家都非常重视体验，也支持将产品故事化，现在的产品不仅要实用，还得有动人的故事，我们可以告诉消费者，这个故事很重要，这个故事就是我们所说的引入IP进行内容创新。

接下来的讨论我们将围绕如何引入IP，如何内容创新，以及融入生活方式等内容展开探讨。今天有四位嘉宾，他们代表了不同的业态。这四位嘉宾他们背后代表的公司大家不一定熟悉，先请四位嘉宾做一个简要的介绍，请大家认识一下。

周海滨：我是周海滨，来自多彩投。多彩投这个企业可能有的人知道，有的人不知道，我们在非标住宿领域的业务比较多。多彩投创立于2014年底，我们是通过众筹切入到大住宿领域。在大住宿领域，我们做了酒店和消费升级之下的新空间。现在我们不仅仅是众筹，而且有自己的投资部门，有投资产业链上下游的企业，每个月为这个行业提供的资金是1.5亿到2亿元。我们目前合作过的品牌有300多家，有酒店集团的，也有精品酒店、精品民宿，聚集了大量B端和C端的资源，将重点做美好生活集群。

徐挺：感谢中国旅游研究院和中国旅游协会给我们提供的交流平台。蜗牛是一家景区管理公司，创造旅游产品，运营旅游产品，我们是综合的旅游运营商。蜗牛景区管理公司旗下管了11家景区，有专门的设计公司，也有商业管理公司，我们把自己作为景区发展的小伙伴，和景区一起成长。

姜雁：很高兴有这个机会同大家共同交流。我来自斯维登集团，可能大家对斯维登集团还没有那么了解，但是说到途家相信大家都不陌生，斯维登是罗军先生创立并担任CEO的，是途家的线下，我们和线上途家网合力打造完整的住户体验。

从规模看，斯维登集团现在管理和运营着超过3万间客房，业态包括公寓、度假别墅、民宿等住宿产品。从B端看，我们服务于业主，希望能够让业主安心把房子交给我们，让他们的不动产增值；从C端看，我们希望跟各个民宿从业者合作，为消费者提供更好的住宿体验。

阿狼：非常感谢中国旅游协会和中国旅游研究院邀请我参加2017年旅游发展论坛，我来自久栖连锁，我们主要是做景区民宿，目前在国内23个景区有286家民宿，主要给民宿提供线上的维护、优化以及线下的运营。

杨宏浩：谢谢阿狼，这个名字听起来就非常有个性，您旗下有200多家精品客栈、精品民宿，请您分享一下，你们的精品民宿是从哪方面作为切入点进行内容创新的？

阿狼：提到民宿、客栈，大家应该会有一个想法，早期的电影里，提到客栈大家想到最多的就是老板娘，客栈是一个老板娘文化、主人文化集中体现的地方。大家脑子里可能会出现两个女老板娘形象，一个是新龙门客栈里的金湘玉，这个女老板非常厉害，一个人在沙漠里经营一家客栈。我们可以这么去理解，如果龙门客栈没有金湘玉恐怕是不可想象的，它在那里是活不下去的，她成为龙门客栈的IP。另一个比较著名的女掌柜形象是同福客栈的佟掌柜，佟掌柜也是非常优秀的女掌柜的形象。

客栈是非标准的住宿业态，跟常规的酒店、度假村不太一样，久栖一直在这方面做探索，怎么样让非标准的住宿标准化。客栈的风格是有差异的，客栈的文化也是有差异的，但在管理上、对客人的服务上是可以一致的。久栖一直致力于走这条路，我们希望把每个老板娘个人的IP发挥出来，美化到极致，形成一个久栖的大IP。

杨宏浩：您刚刚提到古代两个女掌柜，现在的女掌柜也有很多蛮有名气的，一个是杨丽萍，她的"千里走单骑"是一个大IP，还有说"世界那么大，我想去看看"的女老师顾少强,她也搞了一个民宿。

阿狼: 女老板们还是非常厉害的,包括张蓓、黄妍,她们都是。

杨宏浩: 她们都是自带IP的。姜总,斯维登之前属于途家,现在剥离出来以后分别发展,你们旗下有4个非标产品,您以前是从事时尚产业的,到斯维登还不到一个月,从您的经验来看,我们非标住宿要做内容创新可以从哪些方面入手,沿着什么样的路径进行?

姜雁: 斯维登底下的几个品牌确实是蛮有意思的组合,我们旗下现在有四个品牌:一个是公寓品牌,公寓品牌本身也叫斯维登,其中包含了三款产品,相对经济型的斯维登服务公寓,斯维登的精品公寓还有度假公寓;第二个是别墅类的欢墅品牌,大家在全国一些著名的旅游景点会看到,欢迎大家来体验;第三个品牌是途远,主要做共享农庄、全域旅游,主要是跟远大筑工合作,最便宜的12.9万,一个星期就可以建成一个钢筋混凝土的小别墅;第四个品牌是途礼,途礼是旅游中的伴手礼。比如说您去四川浪中古镇,您想购买一瓶黄酒,但不能拎上飞机,只能托运,途礼可以提供更便捷的方式,直接在途礼平台上下单,直接邮寄到家。斯维登品牌主要以创新、年轻、时尚为主题,希望更加贴近现在的90后。

刚才阿狼先生也说,怎么样才能做好民宿非标准中的标准?这一点斯维登集团也是花了很大力气,我们在保持这些特色房子的同时引入了一系列的标准化,像消费者最关心的清洁、安全、智能门锁、标准化SOP等,这块儿我们花了很大力气在做,这也是一个创新。

杨宏浩: 也就是说在统一标准的基础上,我们再进行创意和特色化的内容创新。蜗牛最近在黄山收购了西递的一个古村落,做酒店和民宿客栈,请徐总讲一讲你们在客栈、住宿方面进行内容创新的经验。

徐挺: 作为一家创造旅游产品的景区服务商,我们一直在思考,如何创造一个新的空间、营造一种新的生活?比如陈向红创办的南北双镇,在我眼中它是基于南北文化创造的新空间,成功地营造了新生活。再比如像裸心堡,它是基于自然资源创造出来的新空间,也成功营造了一种新生活。我们在安徽并购了一个西递小镇的项目,这个项目保留了徽州古村落民居的形态,比如祠、官宅、民宅、商宅、绅士的宅邸等,所以我们基于官、商、绅、民的传统文化去打造微酒店,祠作为公共文化交流的空间,提供公共服务。这一类是我们现在已经开始设计的。

第二类是我们在宁波正在尝试的"风景中的生活",这不仅仅是我自己的期待,也是大多数旅游者的期待,我们给"风景中的生活"选了三个主题:一个是悦水,在东钱湖;一个是听涛,选址在象山;一个是恋山,选在靠山坡的地方,这个选址目前还没有完成。我们希望去构建风景中的生活,让旅游者一起来体验。

杨宏浩: 我以为您只是在黄山脚下做,没想到正在全国拓展,雄心很大,期待您的新产品。多彩投比较特殊,他们做投资平台,主要是为民宿、精品酒店提供融资,他们的投资者也是消费者。消费者可能对这个项目非常挑剔,对内容创新也有自己的要求。请问周总,您看了那么多项目,您觉得这些住宿产品是如何进行内容创新的?你们作为一个融资平台,又是怎样为这些住宿企业提供融资服务的?

周海滨: 刚刚提到两个问题,一个是创新的问题,一个是生活方式的问题。关于创新,多彩投在这个领域里面踏上了几个风口:2014年众筹是一个风口,2015年消费升级是一个风口,2016年共享经济是一个风口,2017年资源整合、创新又是一个风口。我们现在不单单是众筹,已经转变了身份,也是投资人。我们平台上所有这些投资人既可以去投资民宿,成为股东,每年也可以在这个民宿里消费。未来人们没必要在每一个风景秀丽的地方都买一套房,完全可以用10万块钱,每个地方投2万,每年订张机票就可以住在风景好的旅游目的地了,变成行走的房产证,每年可以按照自己的行程安排路线。

为什么从民宿这个领域切入?民宿是最苦的,在酒店领域里有一条鄙视链:国外的酒店"鄙视"国内的酒店,国内高端星级酒店的"鄙视"中端的星级酒店,中端的星级酒店"鄙视"客栈。我们的业务是基于未来消费升级、中产阶级崛起而做的。旅游不仅仅是看看风景的需求,更重要的是度假和休闲的需求,因此我们选择从精品民宿这个领域切入。这个领域近几年也涌现出很多好的住宿品牌,创新来源于他们自己的产品,包括运营、结构的调整,把非标和标准做到了很好的结合,引领了新一轮乡村的生活方式;同时在城市里面有一些腾笼换鸟的空间,他们也做到了跟文创、艺术很好的结合。

杨宏浩: 谢谢周总,听到其中一个意思是,国外的民宿"鄙视"我们,但多彩投还是忍不住了冲了进来,为我们住宿业提供一些服务。接下来请四位嘉宾每个人用一句话,可以是寄语,也可以是内容创造、生活引领方面的,为今天的发言做个总结。

周海滨：我们是多彩投，希望和大家加强合作，大家生活丰富多彩，共同创造美好生活。

徐挺：我说一下蜗牛的愿景吧，创造新空间、营造新生活，让旅行成为大多数人的美好生活。

姜雁：希望大家能够加强合作，给消费者提供更好的住宿体验，一起做一些好玩的、有意思的事。

阿狼：民宿的IP就是"农夫山泉有点田"，要有土地主——农夫，要有风景——山、水、泉，最终还是要有点农作物、原产物——田。

杨宏浩：最后，我想引用《趋势投资50年》中的一句话来做总结："未来的经济将是讲故事的经济"，相信我们住宿企业会把住宿内容创新这篇故事讲好。

圆桌二的研讨到此结束。

谢谢大家！

第三编

2017年中国旅游发展论坛专文

2017 中国旅游行业发展的回顾与展望

中国旅游协会会长　段　强

各位领导、各位同志,

大家上午好!

今天,中国旅游界的同仁们又一次相聚在一起,共同回顾过去、展望未来,为迎接新一年旅游业的更大发展集思广益,献计献策。

2017年的中国旅游依旧延续了波澜壮阔的景象,同时也是更加深刻影响世界的一年。乘"一带一路"高峰合作论坛成功召开的东风,中国旅游厚积薄发,比以往更加接近世界舞台的中心地位。

夏秋之交,联合国世界旅游组织第22届全体大会在我国举办,来自世界各国、各地区和国际组织的77名部长级贵宾和1000多名与会代表,共同见证了中国旅游的荣耀时刻和正在变革的世界旅游格局;在国家旅游局的积极推动下,由中国旅游协会发起的第一个全球性、综合性、非政府、非营利国际旅游组织——世界旅游联盟隆重成立,此举进一步提升了我国在国际旅游业界的话语权与影响力;中国与哈萨克斯坦、澳大利亚、瑞士、丹麦、东盟等国家和地区共同举办的系列"旅游年"活动均获圆满成功,推进了国家和地区间的人文、经济交流,为和谐稳定的国际关系奠定了良好的民意基础。除此之外,ITB登陆中国、阿里联姻万豪、中国旅游企业在国际上的大手笔并购接连不断,一些国外资本和知名集团也在持续进军中国旅游市场……总之,中国旅游业在国际上的话语权和影响力都在过去的一年里得到进一步彰显。

基于这一背景,我们把今年的高峰论坛的题目确定为"一带一路背景下中国旅游企业的国际化战略"。刚才,几位演讲嘉宾从不同的角度聚焦于国际化这一主题,让我们从中受到了许多启发。在中国旅游业快速发展,与全球经济互联互通进入新的历史阶段的今天,旅游界更需要加速国际化进程,这既包括更多旅游者的引入与输出，也包括资本、品牌和技术更加有效率地双向流动。

根据携程发布的报告，在"一带一路"所覆盖的60余个国家中，已经有超过20个国家对中国实现了免签和落地签。2017年中国赴"一带一路"国家出境游人次将超过2500万，为了迎接更多中国游客，许多"一带一路"国家的当地导游掀起了学习中文的热潮。

据环球旅讯报道，2016年中国接待入境游客人1.384亿人次，同比增长3.50%，规模总量达到历史最高水平。其中外国人数和涨幅分别为2815.12万人次和8.3%，创2008年金融危机以来的新高，2017年入境人数预计将达到1.43亿人次。

2017年，涉及旅游产业的境内外双向投资持续活跃，其中较为引人注的跨国案例包括：Priceline入资美团点评、携程收购美国社交旅游网站Trip.com并将其整合到曾于去年收购的天巡网（Skyscanner）旗下、华住入资印度中端酒店市场上的独角兽OYO、中弘股份收购为英国皇室、美国总统提供定制旅游服务产品的国际高端旅游服务商A&K、石基收购银科环企（Galasys PLC）以及美国航空公司入资中国南航等等。值得注意的是，这些收购大多是社会、民间资本所为，收购行为本身的意义以及随之而发生的对中国旅游产业的影响均不可低估。

2017年是中国旅游与世界更加深度交融的一年，可以肯定，这种交融还将持续下去。因此，中国旅游界就需要更加开阔的国际化眼界，需要积累更多的国际化经验，需要更加科学有效的国际化战略，以增强中国旅游业的全球竞争力。

实际上，中国旅游企业的每一分耕耘和努力及其所产生的成果，都有可能成为国际化战略的重要组成部分。在深入分析2017年产业运行特点之后，我们似乎发现中国旅游业在大踏步走向世界的努力中，存在着两个重要支撑点，其中一个是金融资本，另一个则是技术进步。

在资本方面，发生在2016年的几次影响产业格局的兼并重组之成效已开始显现。去年，中旅集团、锦江集团、携程旅游网、首旅集团等均实施了几起在行业内产生重大影响的兼并重组事件。在去年的发展论坛上，我们也分别邀请四家企业的主要领导，对重组的过程，特别是重组后的发展战略作出了介绍。

经过2017年的运行，我们高兴地看到，并购重组的成果开始显现，这些成果主要表现在：业绩大幅提升，几家企业今年前三季度营业收入和利润都实现了两位数以上的增涨；规模明显扩大，重组后的锦江国际、首旅如家已经分别位于全球饭店集团规模排名的第五位和第八位，显示出这一领域的中国速度，引起国际同行的高度关注；业务整合开始启动，锦江集团在"基因不变，后台整合，优势互补，共同发展"的战略指导下，斥资10亿元，投资设立了WeHotel，欲将锦江、卢浮、铂涛、维也纳旗下所有酒店的会员信息整合，逐渐构建起一个上亿会员的庞大网络，将在这一全球酒店共享平台上实施产业、互联网、金融资本联动。首旅集团大胆改革用人机制，将原如家集团的职业化团队成建制地聘用到合并以后的首旅如家集团，这种组织架构方面的整合，使混合所有制改革的成果得以最大限度地在用人机制上体现出来。中国旅游集团聚焦"旅游文化、地产（旅游与城市）、旅游金融三大板块，进行调结构、促转型"，努力实现现旅游主业"中国第一、亚洲前茅、世界一流"的战略目标。

当然，重组后的整合是一项长期的系统工程，很难一蹴而就。由于历史和现实的原因，在整合的过程中还存在着不少障碍和困难，这其中既有认识方面的问题，也有体制方面的问题，需要我们以锲而不舍的精神去顽强推进。

在即将过去的2017年，旅游界并购重组的步伐依然没有停歇，除了前面提到的国际并购案例外，还有一些发生在国内的案例也颇为引人注目，如万达与富力的酒店交易、中青旅从共青团系统的剥离后进入光大序列、华住收购橘子水晶以及同程入股花间堂等等。我们殷切希望这些不同领域的重组能够进一步激发出企业的活力，创造出更多新鲜的、可供同行们学习、借鉴的经验。

2017年旅游产业基金的组建依然方兴未艾。

5月，由国家旅游局推动，中国旅游集团公司牵头组建成立"中国旅游产业基金"。总规模设定为300至500亿元，将重点围绕"一带一路"、京津冀、长江经济带等国家发展战略，放眼旅游业全产业链，投资成长潜力强的旅游项目。

除此之外，IDG资本分别联手中青旅、红杉、三湘印象以及首钢集团共同发起了针对不同细分领域和项目的多个产业基金，规模庞大。

在2017中国·廊坊国际经济贸易洽谈会上，中国建筑与河北旅游集团共同发起成立了旅游产业基础设施投资基金，规模为500亿元，将带动旅游重点项目总投资2500亿元。

腾邦梧桐与江苏、四川、山东等多地政府以及南京商旅集团签订产业基金合作协议，累计金额亦达百亿元人民币。

海航控股与北京京旅盛宏投资、海南海创百川等共同出资设立嘉兴京旅股权投资基金合伙企业，基金总规模50亿元。

综上所述，在雄厚的金融资本支撑下，接连不断的并购重组为中国旅游产业在可以预见到的将来以超乎寻常的速度、实现跨越式发展奠定了坚实的基础。

在技术方面，2017年，旅游与互联网进入深度融合发展阶段，大数据、云计算、人工智能、虚拟现实、增强现实、移动通讯技术等在旅游业进一步得到应用。

不久前，故宫博物院与腾讯共同宣布成立"故宫博物院—腾讯集团联合创新实验室"。腾讯将与故宫博物院共同在人工智能、大数据、云计算等多个领域进行合作，为世界文化遗产的永续留存探索智能化解决方案和技术支撑。

科技不仅创造出新的文化表现形式，也使得历史文化资产得以更好的传播和分享。比如，从卢浮宫到故宫，全球几乎所有博物馆都在拥抱数字化。故宫博物院相关领导表示，要用互联网语言重新定义博物馆业态，打破馆际壁垒，深入文物保护，用数字规则规范管理，让故宫成为一种生活方式，浸润现代生活，覆盖更多人群。我们欣喜地看到，科技与文化的结合，正在打造出一个没有围墙的故宫。

在住宿业，线上线下的交融也在持续深化。

2017年初，携程发布了酒店"Easy住"战略，推出在线选房、闪住2.0、自助入离机等多个酒店服务微创新项目。通过酒店数字化室内地图、VR等技术手段，客人可以提前了解酒店的室内外分布，实现在线选房；借助自助入离机这一自助终端，客人实现自助办理入住、离店手续。

微信正式对外发布了全新的"微信生态酒店"解决方案。通过整合微信支付、小程序、企业微信等，为酒店提供智能化、生态化的解决方案。客人不需要再去下载APP，只需打开微信里酒店的小程序，就能轻松预订。此举不只是为酒店提供新的预订入口，也让微信生态酒店也有了更强大的载体，去实现更多功能。

阿里巴巴与万豪两强联手，欲将管理万豪国际在阿里巴巴旗下旅游出行服务平台飞猪上的万豪国际集团旗舰店。该旗舰店可直接面向阿里巴巴的用户进行市场推广，连接万豪国际忠诚计划与阿里巴巴忠诚计划，并为万豪国际旗下全球酒店提供针对中国旅行者定制的内容、项目和推广活动。

在2017"百度世界"大会上，洲际酒店集团与百度公司宣布，双方已达成战略合作，利用百度最新研发的人工智能硬件及在行业内最领先的人工智能软件，打造新一代智能酒店解决方案。此合作项目旨在通过智能家居、语音服务及生活管家功能，丰富住客的入住体验。

华住集团的盟广信息用一系列的 IT 举措帮助酒店降低成本，提高运营效率。其发布的 3 款产品使酒店从前台入住，到后台客房的管理都借由移动化 APP 和机器来完成。不仅为顾客实现了快速入住、零秒退房等闪电服务，酒店本身也提高了管理效率。

在航空业，经过多年的耕耘，技术在机票预订层面已经表现的较为成熟，但在提升客人旅行体验和解决数据孤岛现象方面则仍然潜力巨大。

如今，消费者呼唤着更加流畅的体验。从机票购买，到目的地信息获取；从更加简易边界的安检通关，到无缝点对点的机场——酒店接送；从航班出现异变下的后续应急方案，到一键式的改签和自动索赔方案；从登机前扑捉最后的升级销售机会，到在航班上的基于空中互联网的辅营收入模式的探索；从更加流畅的中转服务，到贯穿于出行全程中的人工智能服务等等，都是目前各服务商积极探索的方向。

我们注意到，许多航空公司正在尝试一些更加体现个性化的方式来提升旅客体验，特别值得关注的是对 AR 技术的创新使用。据悉中国联通与几家科技公司共同宣布开发中国航空 Wi-Fi 市场，也将为中国联通机载通信业务提供产品集成、业务平台研发、客户服务等技术支撑工作。

2017 年中国旅游界一个个生动实践案例给予我们的重要启示就是，要高度重视资本和技术在中国旅游业发展中的特殊作用，因为他们构成了旅游业实现腾飞的两个重要引擎。

各位领导、各位同事：

人努力，天帮忙。在中国旅游人发奋进取的 2017 年，旅游市场回暖迹象明显，业绩普遍上升，其中尤以住宿业表现得最为突出。各旅游类上市公司所发布的前三季度财务数字也印证了业界对回暖的感受。市场回暖的得益于国内中产阶级的不断壮大和消费升级，在整个消费升级的背景下，旅游休闲市场不断扩大，精细化与体验化需求不断增强，旅游正在逐步摆脱最初的走马观花式的观光旅游形式，重新构建为本地生活方式的异地化。原有的旅游目的地消费围绕的是景点，如今旅游者的需求变成了"换个地方享受生活"，当本地生活平移到异地，就形成了新的旅游形态。旅游包含的要素也在传统的"食、住、行、游、购、娱"六要素基础上吸纳了"商、养、学、闲、情、奇"等多种内容，衍生出更多的消费场景，这无疑为中国产业的发展提供了更加广阔的崭新机遇。

2017年，以党的十九胜利召开为标志，我国的社会主义建设进入了新的时代。十九大报告中提到，我国社会主要矛盾已经转化为人民日益增长的美好生活需要和不平衡不充分的发展之间的矛盾。主要矛盾的变化，意味着我国经济社会的进一步发展不仅在物质文明方面，也对创造政治文明、精神文明、社会文明、生态文明提出更高要求。随着经济增长和人民生活水平的提高，旅游越来越成为人民大众的刚性需求和生活方式，成为人民实现"美好生活"的重要途径。因此，如何处理好人民日益增长的快乐旅游需要和不平衡不充分的产品供给之间的矛盾既是广大旅游企业在落实十九大精神工作中需要破解的一个重要课题，也是旅游业实现更大发展的重大机遇。

在新的时代背景下，广大旅游企业要在供给侧改革方面更加有所作为。面对个性化、多样化的市场需求，如何打造原创的IP旅游产品，为游客提供差异化、高品质的深度旅游体验，都是未来不断努力探索的方向。为了鼓励广大旅游企业不断创新，中国旅游协会计划于2018年推出"中国服务奖"的表彰活动。希望广大旅游企业在新的一年，把握旅游消费者的新需求，始终从满足消费者需求的角度出发，在旅游服务的每一个环节上做到细致、用心。给旅游消费者带来耳目一新的旅游产品，让他们去尽情享受有温度的服务体验。

谢谢大家！

打造自主 IP 特色的海洋主题公园

海昌集团董事局主席　王旭光

尊敬的各位同仁：

大家好！很荣幸参加这次会议，今天我想与业界各位分享一下海昌作为本土企业在开发、建设主题公园方面的体会以及打造具有本土特色的 IP 形象的设想。

一、从行业趋势需求端和供给端判断

从行业趋势判断，到 2020 年，中国的主题公园市场能够达到千亿量级，将取代美国成为全球最大的市场。结合第三方数据，还有一个判断是未来主题公园人次的增长将放缓。

从需求端来看，需求结构的根本性变化给主题公园带来了挑战。首先，80 后、90 后成为主题公园市场的核心客群。根据对 2016 年国庆期间游客群的统计，80 后、90 后是伴随着财富增长一同成长起来的，有着非常鲜明的消费性。其次，经过对于家庭亲子市场不同年龄阶段销售数据的分析以及客群根本性的重构，家庭亲子客群将面临从消费端带来的需求变化和挑战，我们列了六个方面，分别是：①内容创新，完善配套；②跨界整合，IP 植入；③资源互补，综合发展；④多元形式，尖端科技；⑤主题情景，体验消费；⑥陪伴成长，快乐精神。

从供应端来看，我们总讲一句话，资本与技术推动大象起舞。供应端有三种力量：第一种力量是以环球影城为代表的国际强势 IP 的布局，这已经在我们身边发生；第二种力量是包括华侨城、方特以及海昌在内的运营商从区域性到全国化的布局；第三种力量是大型的房地产开发企业在产业地产、商业模式的冲击下靠雄厚的资本力量的强势介入。由此可预计，到 2020 年，中国将至少增加 64 个主题公园。

二、主题公园生命周期三段论

主题公园作为一个典型的重资产行业有其自身运营规律。海昌从 2000 年开始建第一个公园，至今已有 17 年的历史。经过这 17 年的建设和运营体会，我们总结了主题公园生命周期的三个阶段。

（1）资本投入期，这是孕育期。主题公园是资本密集型、产业密集型、劳动密集型和创新密集型的庞大的系统工程。前期可行性研究、产品设计、建设和运营等占主题公园成功贡献的 70% 以上，没有好的团队、好的产品足够的资金支撑是无法做出一个好的公园来的。

（2）市场培育期，这是新生期。由于没有具有竞争力的产品和内容以及高品质的运行服务，从而导致主题公园很难做好，这样的事情已经在我们身边发生了。所以这个阶段最主要的考验来源于两方面：一是内容品质和运营服务水平；一是营销推广水准。

（3）推陈出新期，这是保鲜期。如何突破发展瓶颈进入良性发展周期，这需要 IP 植入，包括品牌创新力的提升以及技术的革新。只有这样才能够进入到一个新的增长周期。

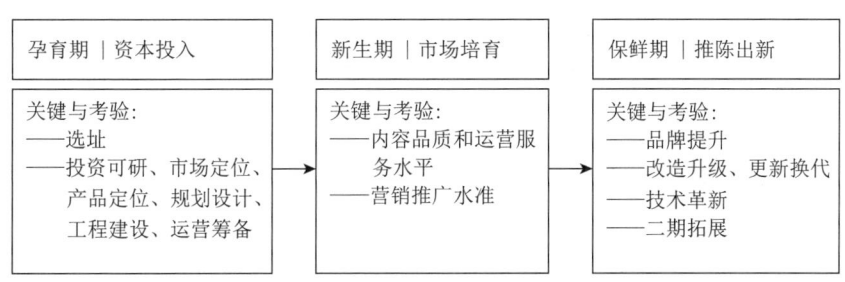

图 1 主题公园生命周期三段论

如果从投资的角度对主题公园进行市场分析，可分为三类。一是超级 A 类主题公园，占比 2%，它们一般是三、五年起步，经过分水岭后进入迅速放大的高速和持续增长阶段。二是 A 类主题公园，占比 8%，欧美、日本等发达成熟市场的大多数主题公园属 A 类，这类主题公园有非常稳定的收入和资本市场环境。三是 B 类主题公园，占比 90%，经过三五年的发展起步期后收入下滑，甚至快速衰落，直到生命周期末端。我们要从这类主题公园中吸取教训。2010年到2015年，海昌的购票人次和公园营运收入统计显示，海昌属A类，而超级A类是我们努力的方向。

海昌是中国最大的海洋主题公园运营商。目前我们在全国9个城市建成的和在建的项目共有11个，拥有亚洲最大的海洋生物资源保有量以及600多人的专业队伍，这是海昌在海洋公园发展上的能力表现。在公司治理上，海昌于2014年登陆了香港资本市场，而且过去三年的整体财务表现也非常优秀。

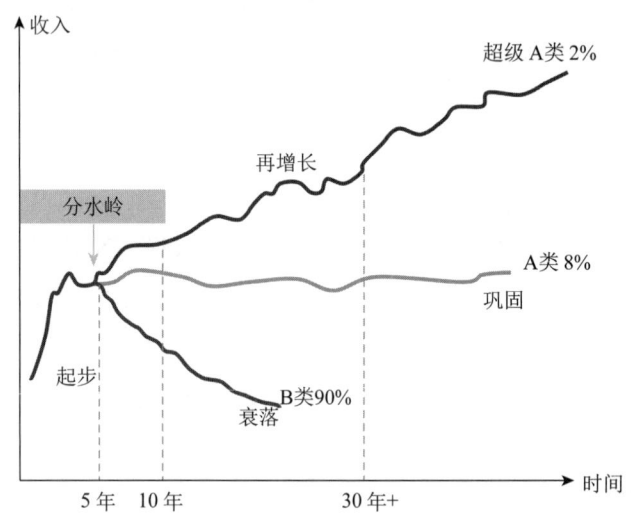

图2　主题公园A类生命周期发展

三、大数据与IP打造

在海昌的发展中，有一个特别好的行为，就是我们从做第一个主题公园开始，就有收集基本的数据，迄今我们已累计有上亿的数据积累。海昌每年接待游客量超过1300万，这为海昌未来产品项目的开发提供了非常好的客源基础。

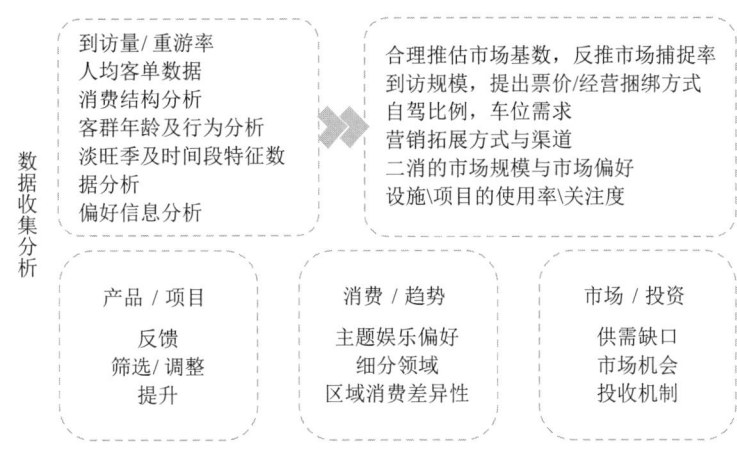

图3　海昌大数据平台

在海昌未来的发展目标中，我们有一个愿景，那就是建成全球最大的海洋主题公园运营商，在未来的两三年这将是大概率事件。目前的发展主要围绕区域旅游目的地存量项目的升级改造和业态体系的优化组合，外延项目的开发扩张，以及在上海、成都、三亚，还包括创新业务发展模式如管理输出业务、儿童娱乐产品、文化IP和互动科技等。这里我还想说一点，海昌想要打造成全球最大的海洋主题公园运营商，单纯从拥有的园区数量、入园人次来看是不行的，这些只是形，没有魂。那么我们该怎么做呢？我们要发力IP，深化我们"有梦、有爱、有快乐"的品牌文化，构建我们的产品体系。只有有了自主IP品牌并把握未来发展趋势，加上不断学习以及提升产品内容和服务内容，才能够保证企业的健康发展。抓住品牌与IP的共同价值点，通过IP的角色形象和故事，将品牌文化和精神传递给消费者，打动人心，赋予品牌更大的价值。我们的品牌是海昌海洋公园，核心价值观是有梦、有爱、有快乐，核心IP是体现"快乐、友爱、梦想、探索、冒险、亲情和爱情"的七萌团，关联IP是七萌团的朋友们，分别为水母玫朵、格陵兰岛的爱和海洋之光，主要产品表现形式为表情包、动画短片、绘本读物、儿童舞台剧、动画剧集、动画电影以及主题商餐、主题场馆、主题游乐、主题景观、主题表演和主题军事等。IP是非常重要的，但IP真正做出贡献需要很长的时间，所以我们对IP开发实施"369战略"，从构建到全面运营及后续授权深化，有着三年、六年、九年的规划，这是我们实现海昌IP持续统一发展的路径。其内容包括讲故事、不断刷新产品拓展的项目、创造多元化的渠道等有关 IP 形象的一些应用，这是七萌团创造的典型动力。

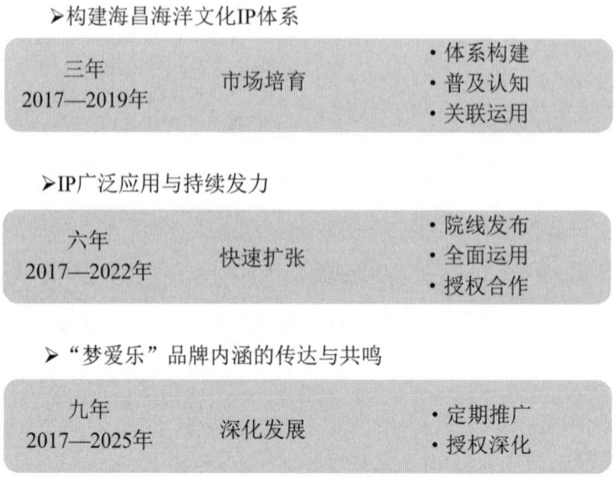

构建海昌海洋文化IP体系

| 三年 2017—2019年 | 市场培育 | ・体系构建 ・普及认知 ・关联运用 |

IP广泛应用与持续发力

| 六年 2017—2022年 | 快速扩张 | ・院线发布 ・全面运用 ・授权合作 |

"梦爱乐"品牌内涵的传达与共鸣

| 九年 2017—2025年 | 深化发展 | ・定期推广 ・授权深化 |

图 4　海昌 IP 开发的 369 战略

海昌 IP 的应用成果。现在已出版了以七萌和他们的朋友为主题的游戏系列绘本和科普童话绘本。开发了带有七萌 LOGO 的生活用品和学习用品，正在打造七萌团舞台剧，这部分的销售额每年有 5%~7% 的增长，去年园区商品收入达到总收入的 37%。我们做的主题 IP 馆，在天津、成都已建成运营，非常受孩子们欢迎。

海昌现在正在打造的上海海昌海洋公园，定位是世界级、旗舰式海洋公园，今年跨年夜上海项目将在上海外滩正式亮相，请大家关注。三亚海昌海棠湾梦幻不夜城，定位是世界一流的海洋主题娱乐休闲新标杆，融合海洋文化的全域体验，有一站式全方位的度假服务，计划于 2018 年 11 月开业。最后是郑州，这是中原地区唯一的、旗舰型海洋主题度假公园。

以上是海昌在主题公园建设和运营中的一些体会，敬请各位指正。

谢谢大家！

HiApp 平台——面向未来的服务

HiApp 公司（海航）首席执行官　柯生灿

尊敬的各位领导、嘉宾、朋友们：

大家下午好！

非常荣幸参加中国旅游发展论坛，与大家一起分享和探索面向未来的旅行服务。我们正处在快速发展的年代，200 年前一年就是一年，20 年前一个月是一年，今天就变成一天就是一年，未来或许一个小时就是一年，这是一个相对的时间概念。互联网与旅游正在加速融合，2016 年在线旅游渗透率达到 15.8%。根据统计数据，2022 年我们全球数字化旅游市场规模将达 1.09 万亿美元。虽然在线旅游市场在快速发展，但这个领域依然还有很多需要解决的痛点。

一、在线旅游市场的痛点

1. 需求端存在的问题

首先，从用户角度看，存在信息过载、信息的透明度和可信度不高的情况。前段时间，我有一个朋友预订出行产品时，在对比高价和低价产品时，他最后选的不是价格低的，而是价格更高的，因为他怀疑价格低的产品可能有什么猫腻，出于这样一个心态，他没有选择低价产品，而是选择了高价产品。

其次，用户在选择产品时会发现，市场上的旅游产品同质化现象严重，用户的个性化需求很难得到满足。

最后，旅行中的行前、行中、行后服务目前还属于碎片化阶段，还没有一家企业能够做到真正的一站式覆盖行前、行中、行后的服务。

2. 企业端面临的问题

从 B 端企业看，同样面临一些问题。一是线上获客成本及用户留存成本越来越高。二是资源难以同时满足大众化需求和个性化服务，服务做成标准化存在着很多挑战，而且在实际操作过程中会有很多的困难。三是行业壁垒低，竞争激烈，企业毛利整体偏低，全国两万多家旅行社，平均每家旅行社利润不到8万元。四是资源相对分散，聚合难度高。

二、满足个性化需求的 HiApp

从用户的角度看，消费需求一直在变化。新时代的消费者具有他们的消费新特征。现在的千禧一代基本上是网络原住民，正成为消费的主力军，他们的一些消费行为特征、日常生活行为特征和70后及以前人群相比有很大区别，现在的年轻人更推崇新技术和产品，更享受灵活的行程安排，并且愿意为优质服务付费。年轻一代消费需求的变化得益于整个互联网的发展，也得益于智能终端的普及。在新用户行为特征变化的背景下，旅行服务该如何去构建？大数据及AI技术的发展，为构建新的旅行服务提供了一些契机。一是从助力旅游市场消费升级的角度看，可以不断扩大旅游边界，优化旅游体验，深化消费场景；二是从针对用户的服务来说，我们可以做到高度定制、千人千面，最核心的还在于大数据的发展；三是全域的服务，对产品和服务的价值挖掘，这一块也需要借助于数字化去实现资源的数字化和用户需求数字化的匹配。2017年11月21日海航推出的HiApp，是作为海航25年在航旅产业发展的一个经验总结。海航作为世界500强企业，拥有庞大的线下多边服务体系，积聚了线下航空、酒店、出行、度假、航空地服等多方面资源。HiApp做的就是数字化新旅游，一方面是希望数字化旅客的一些偏好和需求，另一方面是数字化线下航旅资源，把航旅资源和旅客需求做精准匹配，从而有效地满足旅客的个性化需求。

从场景来说，不管是航空出行、出入境旅游，还是国内旅游，HiApp最终想提供的是行前、行中、行后的全过程智能旅行服务，通过数字化一些资源去匹配用户的需求。现实中，每个行业都有很多资源没有被充分利用，就海航集团的航空资源来说，每年大概有一千多个剩余座位是未被利用的，从全球看，航空业一年大概有11亿个剩余座位未被利用。同时，很多酒店资源也是未被充分利用的。怎样把这些资源充分利用起来，怎样为用户需求提供有针对性的服务？2016年海航成立了海航科技集团，希望借助科技发展，用大数据技术实现资源的数据化，能够对用户行前、行中服务需求做数据化，实现双方精准的匹配。

HiApp致力于打造共建、共享、开放的生态平台,希望能够和市场上各大合作伙伴一起通过创新的方式,打造新的产品,促进整个旅游产业的升级。希望我们一起来打造这样一个平台,聚合行业优质资源,为全球游客提供更智能的旅行服务。

感谢大家!

新国旅，新使命

中国国际旅行社总社有限公司董事长　于宁宁

感谢戴院长的邀请，非常高兴能够参加中国旅游发展论坛。国旅总社是1954年成立的，已有60多年的历史，比在座的各位的年纪还要大。国旅总社是一家央企，今天我希望能跟大家分享一些央企的工作情况和我的一些体会。

中共十九大胜利召开，充分体现了新的时代、新思想、新战略、新作为，因此我今天演讲的题目也想蹭个热点，就叫"新国旅、新使命"。之所以叫"新国旅"，大家都知道，2016年国旅集团和港中旅集团实施了战略整合，强强联合成立了中国旅游集团，是现在中国最大的旅游央企。刚才戴院长宣布的年度旅游集团二十强中，中国旅游集团位列其中，但我们希望能做到中国第一，所以压力还是很大的。国旅总社是中国旅游集团旅行社板块的重要组成部分，现在进入了一个全新的发展期，新时代、新背景要求国旅总社必须有新的使命和新的担当。围绕国旅总社的使命，我想从国家、行业和大众这三方面讲一讲。

一、服务国家战略

国旅总社成立初期主要承担了国家外事接待任务，积极发挥民间大使的作用，促进了中国与世界各国的友好往来。直到现在，我们始终把服务国家战略作为公司最大的战略和最重要的政治责任，把追求公司发展和感恩社会、回报国家紧紧地结合起来。国家提出"一带一路"倡议后，我们马上着手开发了一系列产品和线路，积极拓展与沿线旅游目的地的关系。

2017年，我们在集团的指导下考察、开发了白俄罗斯的路线，并推动了白俄罗斯对华签证的优化。粤港澳大湾区规划出台后，我们也相应成立了中国国旅粤港澳大湾区运营总部，整合大区资源、统筹区域发展。服务国家战略中还有很重要的一点是精准扶贫，党的十九大报告提出，从现在到2020年是全面建成小康社会的决胜期，精准扶贫是实现中国梦、实现中国第一个百年奋斗目标的关键。云南是国旅总社扶贫攻坚的重要战场，为了确保在2020年打赢扶贫攻坚战，我们以旅游产业扶贫为抓手，开发旅游项目和产品，也派驻了专门的扶贫人员，去引导当地的旅游产业做好转型升级，努力成为推动中央扶贫攻坚战略落地和改善民生的重要力量。

二、引领行业发展

作为中国旅行社行业的国家队，在中国旅游产业发展初期，我们在行业内的管理模式、业务流程、操作规范等内容，为旅行社企业的规范经营树立了榜样。如今在旅游业充分竞争的时代，旅游行业涌现出了很多优秀的企业，但国旅总社仍然在很多方面发挥着引领和表率的作用，这就是国旅总社未来坚持要做的"大企业就应该有个大企业的样子"。《旅游法》正式颁布后，我们带头抵制低价团和零付团费现象。2017年在国家旅游局的号召下，我们积极倡导诚信旅游，国旅总社也是最早推动文明出游行动的。国旅总社从来不会忘记自己应该发挥的表率作用，主动为行业健康发展营造一个和谐、良好的氛围。在引领市场方面，国旅总社一直走在前列，比如柬埔寨市场，大概五年前，我去柬埔寨的时候，当时到柬埔寨的中国大陆游客每年不到10万人。我们在柬埔寨开设了三家免税商店——金边、吴哥、西哈努克港，也做了柬埔寨旅游包机和柬埔寨旅游项目，帮助柬埔寨官方做中文网站，现在每年赴柬埔寨的中国大陆游客将近100万人，这些游客有多少是国旅的顾客呢？其实也只有一小部分，大部分都是其他旅行社的。但是，开发一个新的旅游目的地或新线路，把它做起来，让更多的国内旅行社能跟进并参与其中，这也是我们央企应该履行的企业职责。

三、增强国民幸福

旅游是幸福美好的产业。要打造幸福生活，十九大报告中有非常明确的导向，就是要我们不断地满足人们对未来美好生活的向往，增强民众的幸福感和获得感，旅游从最初的奢侈消费变为现在的大众消费，大众对旅游的需求也发生了很大的变化，开始更加注重参与和体验，追求的是健康、幸福、时尚和舒适。

国旅总社成立60多年，我们一直关注旅游需求的变化，一直致力于为用户提供更丰富的和更高品质的旅行产品，不仅包括房间、用餐、用车等硬件设施的体验，更重要的是特色旅游服务等软件的体验。根据客人的偏好，推荐更符合用户需求的产品，给客人更加人性化的关照，让客人从旅行中获得幸福感和满足感。比如现在人们都喜好跑步，各地都流行马拉松，我们就和央视体育频道联手打造"旅游+体育"为主题的"爱尚马拉松"独家系列产品，并共同打造CCTV-5爱跑团、马拉松跑友团等。诸如此类的创新产品还有很多，都是围绕提升产品供给的质量来进行开发，这里我就不一一列举了。

以上三点是我们国旅的使命，也可以说是国旅的情怀，总结起来就是要在建设富强、民主、文明、和谐、美丽中国的进程中承担我们应有的责任。我相信，一个企业的发展除了考虑规模、利润等，更应该胸怀国家、胸怀社会、胸怀民众。只有把企业的发展和国家的命运相结合，具备这样的大视野、大胸怀、大格局、大担当，才有可能成为一个伟大的企业，一个值得尊重的企业。正如戴院长曾经说过的，没有格局、视野和情怀的企业，也许会获得一时、一地的成功，但终究是走不远的。在建设美丽中国的进程中，旅游业的作用日益凸显，迎来前所未有的发展机遇。作为一名旅游行业的老兵，我希望能看到更多的旅游企业，无论是国企还是民企，无论是大企业还是小企业，都能够把握机遇，提升格局和情怀，把企业发展和中国梦紧密地联系在一起，齐心协力，将旅游业打造成为让人民群众更加满意的服务业，为实现人民对美好生活的向往，实现中国旅游强国梦而贡献自己的智慧和力量。

谢谢大家！

"芳草地"的创新与实践

开元集团总裁　陈妙强

各位领导、嘉宾、同仁：

大家下午好！非常荣幸受邀参加本次论坛。本次论坛给我的题目是让开元分享一下新建的品牌——"芳草地"的创新与实践。

开元旅业30多年的历史，积累到现在已经创建了十个品牌，"芳草地"是我们在消费升级的大背景下创建的一个新品牌。"芳草地"第一个项目在湖州长兴县水口乡茶文化旅游度假区，处在距上海2.5小时轻松行的范围内，地理位置非常优越，项目占地面积396亩，其中包括茶园50亩、竹林30亩、中央草坪近16 000平方米、桂花树1200多棵。芳草地乡村度假酒店的主要业态是客房，主要是轻钢结构的小木屋，总共190套。芳草地度假酒店于2016年5月正式开业。酒店有一个接待中心，有298个餐位、5个大小宴会厅。从2017年1月到11月的整体出租率达到65%，平均房价870元/间，1月到11月的营收达到4200万元，总投资1.4亿元，内部收益率达17%。这个品牌的成功可以总结为三个方面：天时、地利和人和。

1. 天时——品牌创新

我们所处的时代大背景有两点：一方面这是中产阶级成长的时代，中产阶级成长的最大特征是从对物质的追求转化为对精神的追求；另一方面，消费升级产生了新生代，新生代的消费也有其自己的特征，如自由、探索、体验和分享。同时，乡村旅游正处于从观光式体验向度假式体验转变的时期，乡村休闲旅游逐渐成为主流，"逆城市化"的趋势显现。

国家号召大力发展乡村休闲旅游产业，浙江省出台了"坡地村镇点状供地"的建设用地政策，帮我们有效减少了酒店项目用地指标的占用，减轻了投资的压力并且为酒店项目落地提供了有力的政策支持。产业发展的大背景激发了我们的创意，我们的品牌灵感也来自这样一个大背景，如同马赛尔·普鲁斯特写的一样，"真正的探索之旅，并不是追求全新的景观，而是以全新的目光去观看"。我们的品牌定位体现在三个方面——自然、乡村、文·艺。比城市更自然、比乡村更文艺。自然来自我们对当地所属的自然环境、自然地貌、自然资源的利用；乡村是对中国田园情怀以及田园生活的描写；文·艺指寻找亲近自然的文化和艺术再现的新方式。具体品牌核心价值体现也是三句话：在鸟鸣中晨醒、从农场到餐桌、拥抱天与地。

2. 地利——体验创新

我们在体验创新方面有几大块。一是"去撒欢"。我们用创意的思维纵情自然，通过芳草地的乡村酒店打造社交平台，将"去撒欢"打造成"芳草地"生活爱好者们的社交频道。"去撒欢"项目有三个方面。①去运动：趣味运动会、微探险、自助运动站、自然运动路线等。②夜间派对：音乐派对、篝火晚会、露天电影等。③创意会·宴："轻"会议空间、社交厨房、自然慢宴、自然婚宴等。

二是"疗愈实验室"。用养生养心疗愈度假来打造"芳草地"的产品，用大自然款待我们的身心。我们也设计了各种各样的产品，包括：①"我想静静"：景观式休息站。在"芳草地"有很长的内部庭院、连廊以及度假的小径，每一处都有休息站，我们打造成了景观休息带。另外还有独立的小屋、静静特色客房以及移动的趣味载体，这些设施能让游客的心宁静下来。② Art Timing：艺术类、手工类以及厨艺类。用艺术来丰富"我想静静"，用艺术修养来疗愈自己的身心。③自然场景引导系统：自然播报站、最佳观景以及摄影点的推荐、场景化导视牌。这些可以丰富游客在酒店的度假体验。

三是"趣野餐"主题野餐活动。体验项目包括"芳草篮"和"趣野餐"主题嘉年华两个产品。其中"芳草篮"是单体产品，设计了"春花秋拾"的活动，"春花"可以动员和引导住店客人到"芳草地"室外采摘野花、野草，然后跟酒店兑换积分；"秋拾"是在秋天摘一些果实，以创意集市为依托，在酒店内进行交易。

四是"自然生活成长营"。以"陪伴孩子自然成长"为愿景，推动自然教育与属地文化传承，推动自然体验成为公众的一种生活方式。我们有自然游乐场，采用的是无动力游乐设施，不像有些企业用有动力的设施。还有芳草生活节，包括"我家的菜园子"、萌物饲养员、农事工房、芳草集市等。除此之外还有自然体验营，包括利用毕业季打造的毕业游、冬令营、夏令营等各类自然教育团体活动。

3. 人和——管理创新

"人和"指的是我们在管理上的一些创新，主要是在人才的培养及使用方面。更多的是让新一代的服务达人作为"芳草地"服务文化的代言人，也就是我们所说的VJ。我们的VJ角色是综合的、多元的，他们是小孩的玩伴，也是大人的玩伴，有的时候是演员，为宾客表演音乐，有的时候是魔术师，有的时候又是我们的服务员。

管理方面还包括精准营销，精调性+准细分，是将特定价值赋予特定人群，专注于研究细分市场的精准营销。准细分指成长型团队市场的细分，主要包括户外团建、企业团建、学校毕业季、社会团体等在酒店的一些活动。精调性是指市场细分+内容+场景，用活动形式和体验形式来打造，包括乡村啤酒节、户外婚礼、冷餐会、童装 show 等。我们有一套工具来精准地画客户的画像，是我们的营销系统（如图1）。在传统营销系统以外更多应用了线上线下联动的方式，最关键的就是场景化的产品体系以及收益管理（如图2）。同时，我们将客房、餐饮娱乐等配套设施、休闲游乐项目、场地空间以及节庆活动等其他内容整合到一起，不断拓展"芳草地"的服务内容。我们的发展模式有四种：自建+自营管理+芳草地乡村品牌运营模式；物业租赁（或经营权租赁）+自营管理+芳草地乡村品牌运营模式；品牌加盟+输出管理+芳草地乡村品牌运营模式；品牌联合冠名+输出管理+芳草地乡村品牌运营模式。

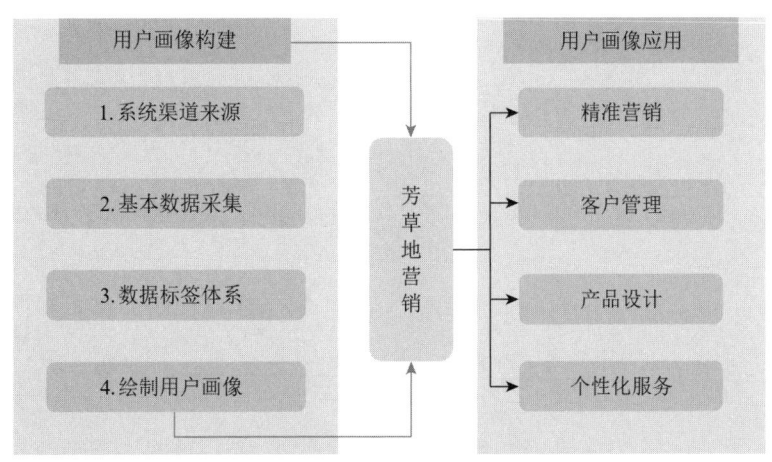

图1　用户画像的构建及应用

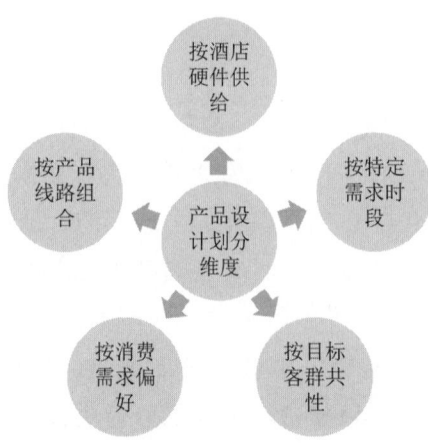

图 2　场景化产品体系及收益管理

"芳草地"第二个项目建在建德富春江边,将于 2018 年元旦正式开业。通过物业租赁的形式进行改造,使用了品牌加盟和输出管理,还有品牌联营、冠名等运营管理模式。以上就是"芳草地+"的概念和基本情况。

谢谢大家!

民宿业的工具创新

一千零一夜@（香港）酒店集团创始人　韩凯州
一千零一夜@（香港）酒店集团 CRO　毛贻娜

尊敬的各位领导、朋友们：

大家下午好！

首先非常感谢戴院长邀请我来参加旅游发展论坛。来之前，我的心里挺打怵的，后来我想我现在所做的民宿不就是用创造内容的方式和传递故事的方式来吸引客人吗？冲着这个看得见、摸得着的故事体验，这种新的生活方式，所以我来了。下面请允许我用自己的经历来和大家分享一下，新经济下的民宿业如何创造更好的内容来引领生活。

我是一个摄影发烧友，在 10 年前被大自然所创造的美所吸引，经常到"眼睛的天堂，身体的地狱"这种地方，我想改变它，所以我加入了住宿行业。加入以后，我就把兴趣变成了工作，好不好玩大家应该知道的。我想做好民宿首先是要创造好"内容"，因为一个民宿的内容是独一无二的，是不可以复制的，因此也带来一些商业上的问题——复制性差、效率低。酒店就不同，酒店本身就是可以复制的工具，所以才有世界上这么多好的酒店品牌，因此我们是靠工具发展的模式。但是刚才的数据显示现在我们只靠工具发展的住宿业是下滑的，所以我认为我们应该加入民宿内容发声器。我们在非标准的民宿生意中加入了标准化的工具，让民宿更具复制性，来提升商业效率。下面有请我们一千零一夜 CRO 毛贻娜女士做详细的讲解，谢谢大家！

毛贻娜：谢谢各位，非常荣幸能够给各位介绍我们的民宿行业。首先想跟大家介绍一下我们的第一个工具——T-BOX® 移动车房系统，首先请大家通过短片来了解一下什么是 T-BOX®。

（观看视频）

短片播放完了，我想现在各位脑中浮现的应该就是我屏幕上的这句话"T-BOX®是真的吗？"它当然是真的，大家请看这个就是我们在广东佛山，在西桥山景区脚下的一千零一夜庄园，这个客房就是T-BOX®客房。我今天所讲的内容都不是概念，而是实实在在正在发生的事情，大家是可以去体验的。

一、T-BOX®移动车房系统

1. T-BOX®的技术起点

关于T-BOX®，大家可能会有一些疑问。比如和集装箱有什么区别？和小木屋和移动房屋有什么不同？T-BOX®和它们真的很不同。首先它并不是一个新潮的东西，为什么这么讲？因为T-BOX®技术可以追溯到20世纪六七十年代的北美，那时候人们已经开始想要逃离都市生活的钢筋水泥，回到自然中，回到舒适的户外环境下，拥有自己的度假和生活。这个诉求就是T-BOX®的技术起点。从那个时候开始经过不断的技术更新和迭代，在市场中不断地应用和完善，经过50多年的发展才有了今天的T-BOX®，形成了相对完善的户外生活系统。它是怎样的户外生活系统呢？它是能够让人在室外零下20摄氏度到零下40摄氏度、极度干燥或者潮湿的环境下在室内仍然感到非常舒适。

2. 民宿行业中的可复制与不可复制

民宿行业中有没有可以复制的元素？当然有。我们认为民宿中可以复制的元素是都市人或者说民宿的目标客户长期养成的生活习惯，这个是不变的，生活习惯是我们所有人走到世界各地去度假的时候都不太愿意改变的，这就是T-BOX®这个标准化产品能够满足的需求。

另一方面民宿极具个性、不能复制的部分是什么？是当地风景+人文，以及基于此而产生的独一无二的故事或者说内容。这个可以提升民宿的商业化效率，这也是一千零一夜品牌想传递的概念，叫作"一千个美丽的风景和一个不变的生活习惯"。我们就是要去改变"眼在天堂，身在地狱"的状态，让旅行度假过程中眼睛、心灵和身体都在天堂。

3. T-BOX®的特征

T-BOX®非常适合民宿业的应用，因为它的三个主要特性。第一，不占用土地指标；第二，不影响土地复耕，非常环保；第三，它的施工现场非常简单，不会在施工现场造成二次污染。也是因为T-BOX®的专业性能，我们获得了加拿大 RV 协会颁发的最佳发明奖，并且在国内已经获得了六项发明专利，21 项新型专利，还有三项外观设计专利，所以 T-BOX® 是拥有自己专利的产品。

4. T-BOX® 在旅游业的应用

目前 T-BOX® 已经在世界上很多极致风景地落地，在沙漠中，在雪山上，在草原花海中，在海边，在森林里，我们非常欢迎各位有机会去体验一下。不过这些地方的价格都不便宜，为什么？因为我们的定价是房屋本身的价值＋不可替代的风景资源定价，所以这个价格就会很高。

T-BOX® 当然不只是客房，我们好玩的东西有很多。有 T-BOX® 做的咖啡吧，可以让客人在非常美的地方体验落日咖啡；有移动茶室，在这里您可以和朋友们在高山之上煮茶论道；还有一个移动的 HIFI 电影院，您可以在森林里来一场 5D 真人版人猿泰山。T-BOX® 就是极致风景当中的舒适野奢生活。

二、实现民宿零排放的微生物环保系统

我们的第二个工具是让民宿实现零排放的微生物环保系统。相信在座的各位可能都关注了大理洱海之殇行动，在这个行动当中依靠洱海风景做生意的很多客栈暂时歇业了。这个事件对我们的启示是什么？民宿和景区共赢的前提是一定要找到一个有效解决生活污水处理的环保方案，针对这个诉求，我们提供了微生物环保系统。

微生物环保系统有两个主要特点。一是无须市政管道。我们所在的酒店是在城市当中，我们的生活污水排放全部靠市政配备的大型污水处理厂集中处理。民宿都在乡村、景区，这种集中式的设备非常不合适，所以我们推出了一种分散式的污水处理设备。其实非常简单，就是用一个罐子把污水处理掉了。二是我们用的是世界先进的微生物污水降解技术，这个技术可以实现处理完的污水直接达标，因为这项技术在日本已有 50 年的市场应用经验，我们引进到中国来之后，特别是针对中国的相关标准，重新培育了特殊的菌种，能够确保我们排放的污水达标。

T-BOX® 客房在桑基鱼塘上也有建设，这个项目位于一个北宋年间遗留下来至今已有千年历史的鱼塘上，周围郁郁葱葱的是桑树。我们在这个项目的污水处理设备上用的就是微生物环保系统，经过处理，对鱼儿的生存环境没有任何影响，鱼儿可以正常的生存。污水处理完以后里面留下的残渣与淤泥，可以

作为有机肥料种植桑树。大家在享受美景度假的同时，已经不自觉地掉到桑基鱼塘的生态系统中。从商业角度而言，微生物环保系统是可以让民宿开进景区的一个利器。

由于时间关系，今天就和大家分享这些，欢迎大家到一千零一夜的民宿来体验并提出宝贵意见。

谢谢大家！

旅游目的地的实践和探索

杭州市商贸旅游集团公司总经理　陆晓亮

各位同仁，各位朋友，

大家好！

很荣幸可以参加第九届中国旅游发展论坛。接下来我想从两个方面和大家探讨下旅游目的地发展的实践和痛点。杭州商贸旅游集团是杭州市政府直属的国有企业，集团从2004年开始从事旅游目的地开发，早期主要在杭州一地集聚发展，近期已扩展到浙江范围内的一些项目。接下来，我想介绍下杭州商贸旅游集团的一些实践，和我自己作为创始人在实践中的一些感悟。

一、旅游目的地的实践

1. 西溪天堂

西溪天堂可能大家都知道，这是杭州商贸旅游集团在2004年开发的一个旅游目的地项目，当时叫旅游综合体。经过6年的规划和建设，迄今经营得还不错，经营利润有1.2亿元。西溪天堂是浙江省"凤凰计划"名单中的成员，也获得了如2011年亚洲酒店论坛"年度最佳城市旅游综合体"等一些荣誉。从公交停车场到旅游集散中心，再到西溪旅游服务中心，最后成为一个国际旅游综合体，西溪天堂的开发和进化经历了三次跨越。我们还做了"西溪天堂艺术剧院"，这是西溪天堂中一个特别的尝试。

2. 城市之星

"城市之星"是杭州市打造的又一个世界级文化旅游综合体，是在搬迁的工业厂房的原址上结合文创和旅游元素，打造的一个全新项目。项目以国际城市博览中心为主题，集艺术、影视、演艺、游乐、购物、酒店、会展、美食、运动等功能于一体。目前已签约的主要项目包括百老汇剧院、W酒店、国际城市博物馆、科学艺术博物馆、美术馆等。这是杭州商贸旅游集团在文化旅游综合体方面实践的又一个重要项目。

3. 乡村修复

关于"乡村修复",我们设想是在中国的乡村找到一些从古至今一直延续的元素。我们总结了下,可能包括文化、艺术、宗教、祠堂、历史、景观、民俗、祭祀、街巷、广场、人物、学校、作坊、山、水、村落、树、池塘、田野等,怎样利用这些延续了百年甚至上千年的乡村元素打造旅游目的地,找到让乡村重新焕发青春的途径,这是我们正在探索的内容。

我们有两个项目已经在实践操作了。一个是在余杭中泰,大家可能还记得中泰建设垃圾焚烧厂时,曾引起了当地的维稳事件。中泰的乡村旅游项目就是我们通过打造旅游项目的手段,解决"邻避效应"(当地居民因担心建设垃圾焚烧厂项目对身体健康、环境质量等带来负面影响,而采取强烈的、极端情绪化的集体反对甚至抗争行为)的实践。在跟当地领导沟通过程中,我提出来一个假设:如果老百姓觉得因为垃圾焚烧厂的存在而没有办法生活下去,要搬走的话,留下的空间我们就做成一个旅游项目;如果说老百姓认为这个地方能够很好地生活,不愿意搬的话,那垃圾焚烧厂的"邻避效应"也解决了,不论哪一个都是赢。最后就演变成了余杭中泰的乡村旅游项目,部分在年初已经投入使用了。2017年3月24号《人民日报》头版头条还以杭州如何破解"邻避效应"为主题报道了中泰项目的情况。

另外一个实践是在浙江省海域版图的最东北角——舟山嵊泗花鸟岛。我们用了五六年的时间来进行战略布局,进行整岛开发。岛上原有的古村落,以打造民宿业态为核心,开启"定制旅游"模式。民宿统一管理、吃住行量身定制、配备私人管家。每天的游客数控制在150位以内,从而满足游客对更优质的服务、更私密的空间的诉求。

4. 衢州古城历史文化街区

浙江衢州在历史上是"四省通衢"的地方,有着悠久的历史和灿烂的文化。衢州项目以打造城市地标性旅游休闲度假目的地的方式,让这个城市重焕青春。把衢州项目定位为旅游目的地,则浙西、江西、福建、皖南都是重要的客源地,以此客源结构入手,我们策划、设计了一些很有针对性的产品,包括衢州古城的空间打通、线路策划、古城运河修复贯通、沉浸式演艺的植入、高档度假酒店的入驻等。

接下来我想谈谈我们在做旅游目的地当中所感悟到的一些痛点。

二、旅游目的地的八大痛点

第一个痛点是旅游目的地的基础设施薄弱，旅游企业需要承担较高的基础设施建设成本。

第二个痛点是旅游目的地需要有显著的吸引力并运营良好的公益性项目。这些项目投入大产出小，容易成为旅游企业的负担；但是如果没有这些项目，旅游目的地就容易走向过度商业化。在我们国家，因旅游目的地过度商业化对当地造成负面影响的事件比比皆是，导致有些地方游客去过一次就再也不想去第二次，负面新闻也非常多。我觉得这里面很大的问题，是因为商家的从众心理，你做什么项目赚钱，我也去赚这个钱，大家一窝蜂而上，而真正运营良好的公益性项目恰恰被商家们忽略掉了。我们去欧洲可以发现，欧洲的旅游目的地公益性项目往往是运作得很出彩的。

第三个痛点是博物馆、艺术中心、剧院等，这些体现旅游目的地核心文化内容和精神气质的产品，仍是国有事业单位来运作，效率较低，不能像企业一样建立良好的、高效的运作机制。但是如果让我们旅游企业来投资开发，我们就会背上很大的财务包袱。

第四个痛点是旅游目的地缺乏优质内容、缺乏原创作品，很多新建项目都是千篇一律、抄袭严重、品质拙劣。今天的演讲嘉宾有很多都讲到内容和IP，可见旅游行业还是缺内容，缺原创。最简单的例子，旅游纪念品很多是义乌小商品市场批发的。欧美的博物馆，绝对不外包的是博物馆纪念品店，博物馆商品一般都是博物馆自己IP的衍生产品，都是原创的，且品质做工都非常好，价格也相当昂贵。

第五个痛点是服务类的原创产品缺乏知识产权的保护。大家都知道2016年G20会议在杭州召开，杭州商贸旅游集团在G20会议中承担了非常多的任务。我们为G20会议研发了不少产品，比如说菜肴，这些产品研发以后，到杭州的游客也能品尝到。这些东西是我们原创的，但我们没有收一分钱的版权费。如果都是这样的话，那谁还来搞原创呢？

第六个痛点是我们部分业态过度依赖线上第三方平台，容易在经营中丧失主动权，比如酒店，亟需找到营销和客源流量新的突破口，获得更多的经营主导空间，通过打破 OTA 的垄断来重塑与 OTA 之间的良性关系。

第七个痛点是，如果我们把旅游目的地分为三个维度，即游客、服务提供者和场景来进行考量，我们发现游客与服务提供者有类似的痛点，汇集到精神层面，第一就是不被重视，第二就是不值得。游客不被重视或感到不值得很容易理解，就是服务不够好，没有得到应有的尊重，或是性价比不高。但是，服务提供者的痛点往往被大众忽视了。服务提供者得不到应有的尊重，一线对客服务人员一个月也就三四千元收入，且缺乏归属感，没有根植于心的自豪感。媒体和业界并未真正讨论过服务提供者的痛点。比如酒店，酒店服务人员的痛点是什么？即使员工提供了卓越的服务，可他们能因此拿到很高的收入吗？一个月三四千元的收入，在杭州这样的收入连最起码的房租都付不起，怎么去有尊严地继续坚持职业的精神和信仰？ 这是我们这个行业所面临的非常大的困境，该怎么解决？前段时间我在阿里巴巴云栖大会上有个演讲，很多人抱怨酒店服务，说跟 20 年前没有进步反而下降了，但是大家有没有想过，酒店服务从业者每个月三四千块钱的收入，相对于 20 年前，在收入水平和社会地位上和其他行业横向对比，其实是下降了很多。你能指望他们提供什么样的服务？这是一个很严酷的现实。

另外还有场景。在中国，作为旅游目的地，从设计、规划、建设、运营等任何一个角度、任何一个细节上都找不出毛病的项目估计很少。刚刚迪士尼的王总演讲的内容，我听了之后很有感慨。我相信，迪士尼在设计、规划、建设、运营当中，很难找到不尽如人意的地方，几乎找不到破绽。但是我们的旅游目的地如果也照这样的标准去审视，可能会全军覆没。

第八个痛点是信息孤岛严重。旅游目的地内，不同业态的品牌都拥有基于不同数据库架构的相对封闭的平台体系。这句话可能大家觉得难理解，这是什么意思？为什么在旅游目的地里会产生信息孤岛？比如一个旅游目的地，有甲酒店、乙酒店、甲餐厅、乙餐厅，他们基于自身品牌体系有不同的管理平台，但是这些不同业态和品牌的管理平台所产生的后台数据，能否导流到基于整个旅游目的地的大平台，由一个运营商整合大数据，进而实现运用大数据分析结果为整个旅游目的地更科学地运营管理服务，为游客提供更"有智慧"的服务中？我觉得这是现在最大的问题。现在很多商家为了自身品牌运营的需要，当然也有保密的需要，是不愿意跟人分享的，这样就会严重阻碍旅游目的地整体服务效能的提升，这也是当前亟需破解的难题。

2016年我们跟阿里巴巴合作进行"未来酒店"的实践，到2017年9月有了一点成效。在未来酒店的基础上，我们想到的是未来旅游目的地的实践，所以从2017年9月底开始，我们跟阿里巴巴全面合作，从六大维度进行未来旅游目的地的实践探索，现在还在试验当中。我们现在正从以下五个方面展开合作：①建立未来旅游目的地一站式线上综合导航服务平台；②线上、线下商务合作；③大数据与云计算支撑顶层业务；④AR增强现实打造超强体验；⑤物联网智能应用。我们试验的目标从三个维度考量：一是提升游客体验感，二是降低企业的成本费用，三是提升服务人员的价值。我们尝试探索通过技术手段的融入，让服务人员的工作模式产生变革，最终让他们能够拥有有尊严的收入以及有尊严的地位。

今天就跟大家分享这些。

谢谢大家！

责任编辑：郭珍宏

图书在版编目（CIP）数据

中国旅游集团发展报告. 2017：内容创造与生活引领 / 中国旅游研究院编著. -- 北京：旅游教育出版社，2018.7

ISBN 978-7-5637-3794-9

Ⅰ. ①中… Ⅱ. ①中… Ⅲ. ①旅游业发展－研究报告－中国－2017 Ⅳ. ①F592.3

中国版本图书馆CIP数据核字（2018）第163885号

中国旅游集团发展报告2017
内容创造与生活引领
中国旅游研究院　编著

出版单位	旅游教育出版社
地　　址	北京市朝阳区定福庄南里1号
邮　　编	100024
发行电话	（010）65778403　65728372　65767462（传真）
本社网址	www.tepcb.com
E - mail	tepfx@163.com
排版单位	北京旅教文化传播有限公司
印刷单位	北京中科印刷有限公司
经销单位	新华书店
开　　本	787毫米×1092毫米　1/16
印　　张	6.75
字　　数	88千字
版　　次	2018年7月第1版
印　　次	2018年7月第1次印刷
定　　价	58.00元

（图书如有装订差错请与发行部联系）